儒教政治哲學

[日]五來欣造◎著
胡樸安　鄭嘯厓◎譯

山西出版傳媒集團
山西人民出版社

圖書在版編目(CIP)數據

儒教政治哲學 / [日] 五来欣造著；胡樸安，鄭嘯厓譯. —太原：山西人民出版社，2015.9(2024.2重印)
(近代海外漢學名著叢刊 / 鄭培凱主編)
ISBN 978-7-203-09066-3

Ⅰ. ①儒… Ⅱ. ①五… ②胡… ③鄭… Ⅲ. ①儒家－政治哲學－研究 Ⅳ. ①D092.2②B222.05

中國版本圖書館CIP數據核字(2015)第202208號

儒教政治哲學

叢刊主編　鄭培凱
著　　者　[日]五来欣造
譯　　者　胡樸安　鄭嘯厓
責任編輯　王新斐

出 版 者　山西出版傳媒集團·山西人民出版社
地　　址　太原市建設南路21號
郵　　編　030012
發行營銷　0351-4922220　4955996　4956039
　　　　　0351-4922127(傳真)
天猫官網　https://sxrmcbs.tmall.com　0351-4922159(電話)
E-mail　sxskcb@163.com　發行部
　　　　　sxskcb@126.com　總編室
網　　址　www.sxskcb.com

經 銷 者　山西出版傳媒集團·山西人民出版社
承 印 廠　山西出版傳媒集團·山西新華印業有限公司

開　　本　700mm×970mm　1/16
印　　張　9.75
字　　數　72千字
版　　次　2015年9月　第一版
印　　次　2024年2月　第二次印刷
書　　號　ISBN 978-7-203-09066-3
定　　價　49.00圓

近代海外漢學名著叢刊編委會名單

總主編　鄭培凱

編委會　傅　杰　霍　巍　戴　燕（按姓氏筆畫排序）

總策劃　越衆文化傳播·周　威

總監製　南兆旭

統　籌　徐　勝　顔海琴

出版工作委員會

主　任　李廣潔

副主任　姚　軍　石凌虛

委　員　梁晉華　張文穎　秦繼華　馮靈芝
　　　　張　潔　崔人杰　王新斐　郭向南

設計總監　李尚斌

設計製作　王秀玲　吴圳龍　何萬峰　歐陽樂天

出版説明

近代海外漢學名著叢刊選取一九四九年以後未再刊行之近代海外漢學作品，編例如次：

一、本叢書遴選之作品在相關學術領域具有一定的代表性，在學術研究方嚮、方法上獨具特色。

二、爲避免重新排印時出錯，本叢書原本原貌影印出版。影印之底本皆經專家組審定，原書字體大小、排版格式均未做大的改變。

三、爲使叢書體例一致，本叢書前言、後記均采用繁體字排版。

四、個別頁碼較少的版本，爲方便裝幀和閲讀，進行了合訂。

五、少數作品有個別破損之處，編者以不改變版本内容爲前提，部分進行修補，難以修復之處保留缺損原狀。

六、原版書中個別錯訛之處，皆照原樣影印，未做修改。

由於叢書規模較大，不足之處，在所難免，殷切期待方家指正。

總序／温故而知新

晚清以來，西力東漸，西方文化思想的著作也大量譯成中文，最著名的如嚴復與林紓的譯著，影響了整個二十世紀中國的知識界與文學界，使得中國文化的思維脈絡爲之丕變。除了西方思想經典、文學與實證科學著作的翻譯，以實證方法系統化探討中國文史的域外漢學，也對中國學術思想界産生了莫大衝擊，改變了中國學術的著述方法與取嚮。

中國傳統的知識結構，是按經史子集四庫分類的，以儒家意識形態的經學爲文化知識的砥柱，以史學爲貫串歷史經驗的殷鑒，至於子部與集部，則是作爲保存文獻、擴大知識面的附帶知識，可以耽情冥想，可以悠遊玩賞，却都是邊緣化的知識，無關聖教的弘揚，無關文化精髓的宏旨。西方文藝復興之後的現代學術體系，在知識分類上，與中國傳統大相徑庭，講究系統分科，不同知識領域各有其客觀存在的價值，有其相對獨立的目的與標準。日本知識界在明治維新以來，鑒於東方文明落後於西方的船堅炮利，率先效法西方，在追求「文明開化」、「脱亞入歐」的過程中，爲日本學術發展循着現代西方的體例，建立了哲學、文學、歷史學、經濟學、法學、商學、物理學、化學、地質學、醫學、農學、工程學、植物學、動物學等等新型學科，企圖與西方學術齊頭並進，從而影響了中國近代學術體系的發展。

本叢刊選印二十世紀上半葉出版的漢學譯著近百册，分爲三大類：「歷史文化與社會經濟」、「古典文獻與語言文字」、「中外交通與邊疆史」，反映民國時期學術界重視西方及日本漢學研究的成果，藉助他山之石，重新審視中國傳統歷史文化的意義，特別是開拓了傳統學術忽略的領域。五四新文化運動以來，中國學者如蔡元培、胡適都提倡「整理國故」，以理性實證的方法，對中國文化傳統做出系統化的研究，是與這些漢學譯著相輔相成的。這些譯著除了介紹域外漢學的成果，還引進了嶄新的學術研究方法與視角，有助於梳理中國文化傳統的脈絡，重新整合知識結構與學術體系。雖然這些學術著作不是中國學者的成就，無法納入二十世紀中國文史學術的主脈，但是從中文譯本的影響而言，起碼也應當視爲中國近代學術發展的支脈或潛流，不容忽視。可惜的是，到了二十世紀下半葉，因爲兩岸政治形勢的變化，這些漢學譯著，除了部分因王雲五重新入主臺灣商務印書館，而得以在臺灣做了少量的重印，在大陸的出版界，則完全受到遺忘，甚至在許多新成立的大學圖書館中也不見踪影。我們搜集了近百冊塵封的漢學譯著，呈現給二十一世紀的中國學術界，一方面是爲了銘記前人爲推展學術而做出的努力，另一方面也是爲了提醒新常態時期的學人，學術發展有其歷史累積的脈絡，可以從中汲取歷史經驗，温故而知新。

說到「温故知新」與這批早期漢學譯著的關係，可以從兩個方面來思考，以見翻譯域外漢學如何反映了時代精神，爲融匯東西方學術思維，重新闡釋中國文化傳承，做出不可磨滅的貢獻。一是域外漢學的研究對象，以中國歷史文化典籍爲主，屬於中西文化碰撞期間興起的「國學」範疇，與五四新文化人物提倡的「整理國故」運動若合符節。研究中國歷史文化，並賦予新的學術意義，是清末民初知識精英念兹在兹的心結。歷史發展走到一個環節，時代的狂風揚起了批判傳統的大旗，風中的英雄幫着推波助瀾，却又無時或忘自己民族文化主體的未來，糾纏於「傳統」能否「現代」的困境。域外漢學的出現，以西方實證方法研究中國歷史文化傳統，綜合東西方各種語言文字材料，擴大了研究國學的眼界，即使無法打開中國文化傳統是否走到盡頭的心結，至少是提供了一個解惑的方嚮，在大霧彌漫的夜晚，看到了依稀渺茫的星光。

二是翻譯域外漢學，有一種以子之矛攻子之盾的吊詭作用，逐漸化解了中國文化思維中的自大心理與封閉心態，讓唯我獨尊的國粹基本教義派解除武裝到牙齒的盔甲，轉而吸收並接受西方實證研究的學風。民國期間新式教育制度的推行、學術體系的變化、大學學術專業的創建，具體到北京大學國學門的成立，中央研究院規劃歷史、語言、考古的研究領域，都與翻譯域外漢學背後的旨意是息息相關的。因此，重新閲覽這批民國期間的漢學譯著，對二十一世紀的現代學人來説，温故而知新，不但可以窺知民國學人追求新知的心理狀態，也會刺激吾人反思，認真思考學術研究方法與中國學術發展的前景，更進一步，探索文化傳統的重新闡釋與新知介入的關係。知識體系的變化當然與傳統的重新闡釋有關，是外爍的影響大呢，還是内因變化的成分居多？

論語·爲政記載孔子説：「温故而知新，可以爲師矣。」歷代解經，對這個「爲師」的道理，有兩種相近似但又取嚮不同的解釋。朱熹四書集注説：「故者，舊所聞。新者，今所得。言學能時習舊聞而每有新得，則所學在我而其應不窮，故可以爲人師。若夫記問之學，則無得於心而所知有限，故學記譏其不足以爲人師，正與此意互相發也。」雖然朱熹把知識分爲「舊所聞」與「新所得」，强調的却是「學而時習之」，從中生發新的心得，也就是從詮釋舊典中得到新知。這個説法與朱熹在鵝湖之會以後，作詩唱和，寫給陸九淵的詩句，「舊學商量加邃密，新知涵養轉深沉」，异曲同工，是一個意思，萬變不離其宗，舊學與新知是同一個脈絡的知識學理。

然而，有些朱熹之前的經學家，解釋「温故知新」，却有不同的取嚮。皇侃論語義疏就説：「故，謂所學已得之事也。所學已得者則温尋之不使忘失，此是月無忘其所能也。新，謂即時所學新得者也。知新，謂日知其所亡也。若學能日知所亡，月無忘所能，此乃可爲人師也。」皇侃明確説到，「故」指的是過去所學的知識，而「新」則指的是新近學到的知識，新舊結合，相互發明，就可以「爲人師」了。邢昺論語注疏循着皇侃的思路，也説：「言舊所學得者，温尋使不忘，是温故也。素所未知，學使知之，是知新也。既温尋故者，又知新者，則可以爲人師也。」這裏講的「素所未知」，就不衹是研讀舊學，有了新的體會，從過去的傳統中發展出的「新知」，而是從來没聽過、没想過的新學問了。這種「素所未知」的新學問，結合「舊所聞」，對習以爲常的知識框架，就會産生巨大的衝擊，而出現飛躍性的結構變化。知識内容或許大體沿襲傳統，知識結構却得以重新整合，出現嶄新的認知系統，重新審視自己文化傳統的意義，打開文化傳承的新局面。二十世紀上半葉的漢學譯作，就發揮了這樣的作用，促使中國學者放棄自我中心的文化態度，從各種不同側面，探知中國歷史文化的光譜，以域外（或是全球）的角度觀測中國傳統，摇動了文化的萬花筒，看到七彩繽紛的中國。

嚴復在甲午戰争之後，改良變法思想風起雲涌之時，開始大量翻譯西方思想經典著作，是有感於國人（特别是傳統文化孕育的知識精英）思維系統封閉，企圖介紹實證新知，引進邏輯思維的方法，以破除儒學之道「一以貫之」與「放之四海而皆準」的虚妄。他翻譯天演論，在序文中提到，有人歸納東西方學術思想，認爲中國文化重精神，是形而上之學，立意高超，而西方文化重物質，是形而下之學，衹追求功利的回報。他認爲，這種自以爲是的蒙昧態度，陷入傳統舊學的框囿而不自知，没有自我反思的能力，無法吸收「素所未知」的新知識，也就無法開展並弘揚自己的文化傳統。嚴復非常清楚他翻譯西方經典的目的，是爲了介紹新知，打破中國傳統思維的封閉性，但是，作爲披荆斬棘的拓荒人，他深知思想封閉者的頑固心理，必須因勢利導，以免遭到盲目衛道之士的攻訐。嚴復有其防身的策略，不會像許褚戰馬超那樣赤膊上陣，而是以桐城文章譯述赫胥黎、斯賓塞、穆勒、亞當·斯密、孟德斯鳩，博得晚清知識精英的贊許，文章深閎而傳入了新知義理。從文化變遷的角度而言，通過翻譯，以迂迴戰術來介紹西方思想，得到巨大的成功，産生了改變傳統思維體系的實效，是中國近代思想史上影響深遠的大事。以此類推，民國時期大量翻譯域外漢學的影響，也是不容忽視的思想史課題。

關於清末民初西方學術思維衝擊中國知識精英，顛覆傳統文化的知識結構，錢穆在現代中國學術論衡的序言中，從中國文化本位的立場，發出深刻的感慨，做了籠統的批評：「文化异，斯學術亦异。中國重和合，西方重分別。民國以來，中國學術界分門別類，務爲專家，與中國傳統通人通儒之學大相違异。循至返讀古籍，格不相入。此其影響將來學術之發展實大，不可不加以討論。」錢穆所指出的問題，是傳統知識體系强調「通」，文史哲不分家，最崇尚通儒，而現代學術講究專業分科，各司其職，以至於讀不通古籍呈現的整體性知識思維。姚名達在撰寫中國目録學史的時候，對西力東漸，西潮帶來的翻譯著作及新知新學，也有類似的感慨：「四部分類法，不合時代也，不僅現代爲然。自道光、咸豐允許西人入國通商傳教以來，繼以派生留學外國，於是東西洋洋籍逐年增多。學問翻新，迥出舊學之外。目録學界之思想不免爲之震蕩。」這種對學術體系發生重大變化的觀察，反映了中國學人從晚清一直到民國，夾在東西方兩種不同思維體系的衝突中，身歷其境的切身感受，因此感觸良多。

二十世紀上半葉最能代表中國學術的通儒是王國維與陳寅恪，他們浸潤了經史子集的四部知識傳統，承繼乾嘉篤實的考據學風，却都經過西洋邏輯思維與實證科學的洗禮，參與中國知識結構的轉型。對西方現代知識結構如何在中國生根發芽，不但再三致意，并且以自己的學術實踐來努力促成。王國維早在一九〇二年就寫信給張之洞，反對把經學列爲大學分科之首，而主張效法西方與日本的大學，設立哲學科，明確指出知若依照朱熹的説法，「學能時習舊聞而每有新得，則所學在我而其應不窮」，雖然在哲理上可以模模糊糊説們可以看到，「温故而知新」在民國學人的心底，是産生「傳統」與「現代」糾葛的心理陷阱，不易跨越。於如何對舊學「通其大義」，就見仁見智，各有説法了。從這個通達的詮釋來討論近代西學東漸的情况，我也就是説，舊學是傳統的知識結構體系，新知是時代變化出現的新知識，必須相互斟酌，才能發揮得宜。至後世之製作，漢初經師皆是也。」劉寶楠贊成這個説法，並指出，漢唐人解釋「知新」，大多數都沿用此意。

劉寶楠還引述了劉逢禄的解釋：「故，古也。六經皆述古昔、稱先王者也。知新，謂通其大義，以斟酌是需要舊學與新知的融合，才能有所發展。

闡釋中，可以看到時代變遷影響了學術文化的内容，改變了知識結構的體系，但其内在發展的理路仍舊，還齊放，百家争鳴。但是，學術知識發展的脈絡基本未變，仍然是要温故知新，進德修業。從劉寶楠不經意的亟，「道術爲天下裂」，文化知識不再爲少數統治精英所壟斷，也不必然與治理政事有關，學術在民間百花時代出現了變化，士大夫不見得能够謹守家法，弘揚德行，也不一定能够「爲師」了。孔子之後，世變日新」，就顯示長者不忘舊時所學，且能吸收新知，繼承并發揚這種學術與政治合一的傳統。到了孔子之時，文化知識是上層統治精英的家學，不再治理實際政事的長者可以傳遞德行的知識，可以爲人師。「温故而知

再回到「温故知新」的歷代經解，説説文化傳承的闡釋學意義。劉寶楠在論語正義中指出，上古之時，大師，對西方與日本的漢學研究十分注意，都是以開放態度對待域外漢學研究，集思廣益，以成其大家。西方學術的體制及實踐。他説：「蓋今世治學以世界爲範圍，重在知彼，絶非閉門造車者比。」這兩位國學之現狀及清華之職責，指出大學的職責在於學術之獨立，而中國學術界的情况令人十分不滿，必須認真效法識結構的分類不可因循傳統，而必須另起爐竈。陳寅恪在一九二五年就清華大學建制的問題，寫了吾國學術

通，但在清末民初的具體歷史環節，西學的新知屬於完全不同的知識體系，在原有的舊學脈絡中，根本無從立足，如何「其應不窮」？所以，真要放之四海而皆準，提升「温故而知新」的普世意義，以理解域外漢學譯著與近代學術知識體系變遷的文化史意義，我們認爲，皇侃、邢昺，一直到劉寶楠的闡釋，是比較合適，並與現代文化闡釋學的説法相近。

伽達默爾（Hans-Georg Gadamer）在他的名著真理與方法中，説到認知理性與文化傳統的關係，特別指出，人們通過理性，來判斷歷史文化中事實的真相，但是人的理性與生存環境息息相關，與傳統所衍生的豐富文化底蘊有關，不可能完全超越文化傳統的思維脈絡。他認爲，人生活在文化傳統之中，就不可能「遺世獨立」，以全能超越的抽象思辨來認識傳統，甚至是批判或顛覆傳統。傳統是歷史文化延續與傳承的表徵，不會一成不變，而我們的認知理性也會因時代變遷，而不斷重新詮釋傳統。伽達默爾的闡釋學以西方文化傳統爲例，説明新知如何納入傳統，而使文化傳統生機不斷，生生不息，與中國歷代經學家的説法（朱熹除外），有异曲同工之效。以此觀照民國時期的漢學譯著，我們認爲，這批學術新知傳入中國，對中國文化傳統的繁衍與發展，實有承先啓後之功。

近代海外漢學名著叢刊的出版，最值得感謝的是南兆旭先生二十多年來搜羅的執着與努力。雖然這套叢刊不能窮盡民國時期的漢學譯著，但是，能滙集上百册自一九四九年以來在國内不曾重印的學術著作，再度公之於世，總是功不唐捐的大功德。忝爲本叢刊的主編，我面對這批民國學術材料，先是感到紛雜無章，有些原作者的學術素養也難副當前的學術標準，甚爲猶豫。後轉念一想，這是上個世紀中國最紛亂時期的學術記録，也是民生凋敝，國勢隤危，内亂外患交加之際，仍有許多學者孜孜矻矻，戮力翻譯域外漢學，爲中國學術的傳承拓展新知的坦途，不禁肅然起敬，開始用心整理分類。掛一漏萬，在所難免，好在有學殖豐贍的諍友擔任分卷主編，並撰寫各分卷前言，實在是衷心銘感。有傅杰教授負責「歷史文化與社會經濟」、戴燕教授負責「古典文獻與語言文字」、霍巍教授負責「中外交通與邊疆史」，吾道不孤矣。在整理編輯過程中，周威先生費心最多，也是我要衷心感謝的。

道術之存亡，全在人心之嚮背。這批民國漢學譯著重新問世，對我們生長在承平之世的學人，應當有激勵的作用，爲學術研究多盡份力，讓中國學術發展更上一層樓。

鄭培凱

二〇一五年七月

前言

一九四九年，身在美國的鄧嗣禹在遠東季刊發表近五十年中國歷史編纂學，總結半個世紀以來中國歷史編纂學從保守走嚮開放，「先是受日本，然後是英國、美國、法國，最後是蘇聯等影響」，既擴大了史料的範圍，又應用了科學的方法，把重點從帝國的政治事件轉移到社會經濟方面，終於「取得了巨大的進步」。鄭培凱教授主編的近代海外漢學名著叢刊，正是鄧氏提及的各國影響中的一部分——甚至堪稱是主要的部分。

本分卷主要包括兩大類：一是歷史文化，包括渡邊秀方中國哲學史概論、三浦藤作中國倫理學史、津田左右吉儒道兩家關係論、服部宇之吉儒教與現代思潮、五來欣造儒教政治哲學、濱田耕作東亞文化之黎明、梅原末治中國青銅器時代考、新城新藏中國上古天文、卡特中國印刷術源流史等；二是社會經濟，包括沙發諾夫中國社會發展史、駒井和愛等中國歷代社會研究、柯金中國古代社會、森谷克己中國社會經濟史、田崎仁義中國古代經濟思想及制度、卜凱中國農家經濟、馬札亞爾中國農村經濟研究、克拉米息夫中國西北部之經濟狀況、高林士中國礦業論、長野朗中國資本主義發達史等（以上作者譯名一仍所收各譯本）。這些著作引入中國的背景與影響，培凱教授的總序已經作了高屋建瓴、提綱挈領的論述。這裏祇就著作、作者、譯者三端分別舉例，略作一些補充説明。

先説著作。包括本輯在内，本叢書所選入的日本學者論著佔據了多數。曾有西方的東方學家概括日本學術實爲三餘：文學竊中國之緒餘、佛學竊印度之緒餘、各科學竊歐洲之緒餘。其言雖刻薄，却一針見血。但也正因善於嫁接，所以在用西方研究模式梳理中國歷史傳統方面，日本學者往往最具搶佔先機的便利，他們的著作也成爲當時的中國最多引進與借鑒的對象。例如梅原末治藉助於西方科學方法來分析中國青銅器的器形、成分，進而推論其時代的中國青銅器時代考在半個世紀中産生了廣泛的影響，如歷史學家吕思勉在先秦史中就引用過他對殷商時代青銅器的分析，考古學家黄展岳在關於中國開始冶鐵和使用鐵器的問題中則對他殷代已知用鐵的觀點提出駁正。卡特的名著出版至今九十年，仍然是時常被引用的經典，除早期的節譯本，一九五七年北京出版了吴澤炎譯的中國印刷術的發明和它的西傳，一九六八年臺北出版了胡克希譯的經傳路德修訂的卡特著作新版中國印刷術的發明及其西傳。其書既出，哲學大師杜威也給以好評，桑原騭藏、鄧嗣禹發表了長篇書評。直至本世紀芮哲非的新著谷騰堡在上海：中國印刷資本業的發展（一八七六—一九三七），還指出正是卡特著作的出版，因其表彰中國印刷術的悠久歷史和對世界印刷史的巨大貢獻，迅速影響了一批中國學者，進而影響了近代以來的中國印刷史書寫。其實，受影響的還不止是印刷術與中西交流史的學者。以夢溪筆談校證而蜚聲中外的當代夢溪筆談研究第一人胡道静回憶，正是從卡特的書中，他才知道夢溪筆談：

卡特的書説明了史料的來源，還特别夸譽了夢溪筆談這部著作，説它這好那好。於是我這個當時對古籍祇讀先秦、兩漢之書的小伙子就迫不及待地去找這本沈括的名著來閲讀了。（夢溪筆談校證五十年）

至於沙發諾夫、柯金、馬札亞爾等用唯物史觀來研究中國社會經濟史的論著，在蘇聯和中國都引發過爭議，而在當時就有學者指出，陶希聖等人對魏晋時期中國社會性質的看法，即深受沙發諾夫中國社會發展史的影響。

次説作者。各書作者背景各异，身份不一，研究中國的目的也頗有差距。其中既有津田左右吉這樣的學術大師，更不乏各學科中的權威名家，而且不少跟中國還有密切的聯繫。如濱田耕作與梅原末治師徒都在中國從事考古多年，不僅以自己寫下的著作、也以自己參與的活動，影響了中國考古學的發展，甚至用自己的工作給中國考古學家樹立了榜樣。早在一九二六年，北京大學國學門的考古協會與日本東亞考古協會成立東方考古協會，被譽爲日本考古學之父的濱田耕作就參與其事，一九二九年他又與高足梅原末治再赴北京演講，爲正起步的中國現代考古學注入了新的信息。其後梅原又在上海、天津、河南等地調查文物古迹。撰中國上古天文的天文學家新城新藏在二十世紀三十年代出任過上海自然科學研究所所長。撰中國農家經濟的美國學者卜凱從康奈爾大學農學院畢業後，次年即來安徽宿州，以傳教士的身份從事農村的改良試驗與推廣，在中國致力農業經濟學的教學與調查幾三十年。同樣是以傳教士身份在安徽宿州從事教育與宗教活動長達十二年的還有美國學者卡特——而他一生衹活了四十三歲。在離開中國後他一直從事中國學術的研究，在伯希和指導下研究中國印刷術的發明與西傳，傾注了滿腔的熱情，用盡了全部的心力，終以勤勞過度，在該書出版的當年與世長辭。

末説譯者。當年就有學者感慨，外國的漢學著作可資參證者甚夥，但譯著的數量與質量總體而言殊不令人樂觀，通西文者多鄙棄漢學，治國學者又忽視西文。從事者的學養並不都足以勝任這類專門著作的翻譯，因此有的譯文比較粗糙，但就已有的成績來看，仍有可稱道者。一是有的著作不止出版了一個譯本，如濱田耕作東亞文化之黎明、馬札亞爾中國農村經濟研究等時隔不久就出版了不同的譯本；有的甚至同一年中就出版了兩個譯本，如森谷克己中國社會經濟史在一九三六年既由中華書局出版了孫懷仁的譯本，又由商務印書館出版了陳昌蔚的譯本。二是譯者之中不乏後來的著名學者。如高林士中國礦業論的譯者是曾擔任北京水利水電學院院長多年、爲中國水利事業做出了卓越貢獻的中國科學院院士汪胡楨。在年過九旬之後寫的自述中，他還憶及當年由丁文江介紹認識了中國礦業論的作者、並受作者之托翻譯該書的經過。而梅原末治中國青銅器時代考的譯者則是舉世公認的甲骨學與殷商史權威胡厚宣，身爲中央研究院歷史語言研究所的研究人員，他正是在參與殷墟發掘之際譯出梅原末治的著作的。

世事沉浮，風雲變幻，這些昔日的譯著有的還在被學者屢屢提及，有的則塵封甚久，不再被人記得。如今輯而再印，使之重見天日，是既富於現實意義，也富於歷史意義的。現實意義在於這些譯著中的若干材料仍可供今天的讀者取資，若干見解仍可給今天的讀者啓示；歷史意義在於這些譯著中的部分雖然陳舊過時，無論材料還是觀點都被證明千瘡百孔，但它們在中國現代學術史的建立與發展進程中都曾經多多少少起過作用——因此它們不再僅僅是外國漢學史的組成部分，實際上也已經成爲中國學術史的組成部分，是我們不能輕忽，更不能遺忘的。

傅　杰

二〇一五年七月

作者簡介

著者

五來欣造（一八七五年—一九四四年），日本政治學家、文學家，明治大學、早稻田大學教授。在茨城縣出生，東京帝大畢業。五來欣造在法國求學時，見到中國對歐洲的影響是如此廣泛，尤其是中國十七、十八世紀的一些工藝品在法國的展覽，使他產生了從學術角度研究中國對歐洲影響的念頭，並寫成專著儒教對德國政治思想之研究一書，另著有本書儒教政治哲學。

譯者

胡樸安（一八七八年—一九四七年），近現代著名文字訓詁學家。本名有忭，學名韞玉，字樸安，安徽省涇縣人。從事漢語文字和訓詁的教學和研究工作幾十年，曾先後任教於上海大學、持志大學、國民大學和群治大學等。著有文字學ABC、中國文字學史（上、下）、中國訓詁學史、俗語典等。

鄭嘯厓，生平不詳。

序

余嘗謂中國有三大學派，一儒家之倫理說，二道家之自然說，三墨家之功利說，儒家之倫理說，影響中國政治尤巨，蓋儒家之學說，立脚於見在之點，而以過去之善惡，爲將來之法戒，因其立脚於見在，故時時思謀社會之安寧，因其以過去法戒將來，故事事皆含有教化之用意，因其思謀社會之安寧，而以生活爲人民最必需，因民之利而利之，故有使民以時之說，最合農業國之環境，因其含有教化之用意，而以修己爲治人之本，君子之德風，小人之德草，故有其身正不令而行其身不正雖令不從之說，極有人治之精神，近年以來，儒家學說日漸淪亡，舊者莫知儒家學說眞義之所在，而以似是而非之論，以推尊儒家，反使儒家之價値減低，新者耳熟於迂儒之議論，而以種種虛僞之惡習慣，歸過於儒家之身，無怪夫擧世以儒相詬病，日本五來欣所選儒教政治哲學，頗能得儒家之眞義，如第七章儒教之二大政務，爲全書最重要之一章，所謂二大政務者，一社會政策，一教化是也，論民生主義，當然以生活爲政治之先務，論訓政時期，當然以訓練爲政治之首施，是儒教政治之精神，並非反古之道，實合於今之世也，因與江甯鄭嘯厓譯之，國人覽者，或因此加以精深之研究，俾儒家之眞義更爲發展也，中華民國二十二年六月涇縣胡樸安

目錄

儒教政治哲學

第一章 緒論

關於道德與政治之關係，柏拉圖(Plato)與亞理斯多德(Aristotle)異其見解。柏氏以政治爲道德之手段，謂欲個人實現正義，必先國家實現正義；亞氏則與之相反，以道德爲政治之手段，謂欲講政治須先講道德，欲造成善良國家，須造成善良個人。(註一)

儒教既有重道德之傾向，亦有重政治之傾向。中國一般人士對於修身治國平天下，大率等量齊觀。(註二)日本人士則多偏重儒教之道德而忽視其政治；(註三)是殆恐尙書與孟子所表現之中國德謨克拉西傳播於日本歟？惟中國荀子一派，(註四)與日本古學派如荻生徂徠者，皆以道德爲政治之手段。徂徠有言曰：『先王之道，先王所造也，非天地自然之道也。』然此等學說，實爲例外，日本人士究以視儒教爲道德者居多，故對於儒教之政治哲學，欲獲得客觀的正解，則須直接求材料於經書，勿爲後世之註釋書所惑。

儒教之組成，當然非出自一人之力。故儒教者，中國民族之傳統的信仰也。（註五）其於此點，與猶太教及波羅門教相同。然此兩教爲純粹宗教；儒教則爲中國民族之哲學的信念，其傳統，乃由歷代聖賢之言行而組成。孟子以聖賢爲先知先覺者（孟子萬章上），此其爲說，並不含有猶太教基督教所謂啓示者豫言者之神祕的觀念。且儒教之傳統，與其視爲道德教，勿寧認爲政治哲學。關於此點，著者可舉出如下之證據。

（一）任何宗教及道德教，必有其所信仰之模範人物。是云聖徒(Saint)，亦稱聖人(Sage)。視其理想的人物之特質，決定其信仰之性質。例如，就摩西 (Moses) 依利亞 (Elijah) 等豫言者而觀之，則見猶太教之一神教的儀文的國民的宗教之性質；就保羅（Paul）與聖法蘭西斯（St. Francis）而觀之，則見基督教之神靈的，人道的，犧牲的，社會的宗教之性質；就達磨與空海而觀之，則見佛教之瞑想的，理知的，出世的，忍辱的宗教之性質。至儒教之所謂聖人，悉指君主及政治家而言。山鹿素行於其所著聖教要論中，列舉聖人十有一人，曰：伏羲、神農、黃帝、堯、舜、禹、湯、文、武、周公、孔子，是也。曾子、子思、孟子，皆爲賢人，較低聖人一級。而此十一聖人中，自伏羲至武王，九人皆爲天子，周公爲周之攝政及魯之君主，孔子則爲魯之政治家。此外如皐陶、伊尹諸賢，亦皆爲政治家。孟子雖未得官職，然獲居爲政者之地位，以行其道，而歷訪諸侯。故中國之所謂道德，無不帶有政治的性質，有類乎以權力而命令之法則。朱子論中國之道德與教育曰：『而其所以爲教，則又皆本之人君躬行心得之餘，不待求之民生日用彝倫之外』（朱子大學章句序）。故中庸謂：禮樂非其位者不得作之（註六）。是則如亞理斯多德所說，政治立於道德基礎之上；如柏拉圖所說，則道德爲政治之目的，世界上無與比類之「道德政治」，因此實現。十八世紀思想家何爾巴哈（Holbach）因此生出"éthocratie"之概念。

（二）中國之政治思想，自天之觀念而出發。天本爲神，而此所謂神，所含猶太教所謂「天地之創造者」觀念，及基督教所謂「人類之父」觀念，極爲稀薄；惟如斯多噶（Stoics）哲學，及來布尼茲（Leibnitz）哲學所謂「宇宙之君主」觀念，斯爲其最著之特色。故呼天爲帝或上帝，易所謂「君萬物者，莫大乎天」（易繫辭上）；詩所謂「蕩蕩上帝，下民之辟」（詩大雅，蕩之什）者，是也。此當於次章更詳論之。蓋此一事，足以充分證明儒教之政治的性質也。

(三)儒教呼人爲民。如所謂「天之生斯民也」，「天之愛民甚者」，是也。在五經中，「人」字發見甚稀，蓋常以民字代之。天生人爲民，卽生人爲被治者；卽此一點，可證明中國之思想帶有政治的色彩。要之，儒教之特長與缺點，皆可歸著於此。

(註一)柏拉圖謂：欲個人實現正義，須施以教育，教育施諸國家，較施諸個人，尤爲有效；是則欲個人實現正義，須國家實現正義。柏氏之理想國（The Republic）一書，卽爲此目的而作；其意思所在，以政治爲道德手段，顯然可見。反之，亞理斯多德則將政治視爲諸學之中心，而以道德隸屬之。法之哲學者聖提雷耳(Barthélemy-Saint-Hilaire) 亦謂亞氏係以道德爲政治手段者。

(註二)如朱子之大學章句序，足以證之。

(註三)日本德川政府時代，奬勵朱子學派與陽明學派之道德的修養；而因古學派注重政治，則對之加以迫害。山鹿素行著作之毀版，卽其例也。

（註四）荀子爲性惡論者，其說與孟子之性善論相反；謂人類乃私欲之動物，具有難免爭鬥之必然性，聖人之作禮儀，無非用爲平天下之手段，所謂禮儀，乃法律制度之義，而善惡之分，其標準僅爲天下治亂之差。故荀子謂道德爲政治手段，曰：『古者聖王以人之性惡，以爲偏險而不正，悖亂而不治，是以爲之起禮義，制法度，以矯飾人之情性而正之，以擾化人之情性而導之也，使皆出於治，合於道者也。』又曰：『古今天下之所謂善者，正理平治也，所謂惡者，偏險悖亂也，是善惡之分也已。』又曰：『凡禮義者，是生於聖人之僞，非故生於人之性也。』（以上皆見性惡篇）

（註五）徂徠曰，「伏羲神農黃帝，亦聖人也，其所作爲，猶且止於利用厚生之道。經顓頊帝嚳，至於堯舜，而後禮樂始立焉，夏殷周而後粲然始備焉；是更數千年，更數聖人之心力知巧而成焉者，亦非一聖人一生之力所能辦焉者。（日本倫理彙編古學派之部）

（註六）中庸曰：『非天子不議禮，不制度，不考文；（中略）雖有其位，苟無其德，不敢作禮樂焉；雖有其德，苟無其位，亦不敢作禮樂焉。』（二七章）又曰：『是故君子動而世爲天下道，行而世爲天下法，言而世爲天下則。』（二八章）

第二章 「天之信仰」之政治的性質

如社會學者所常論，一切社會制度，必留有原始的宗教之痕跡。(Emile Durkheim, L'année sociologigne 1897, P.1–70) 中國民族之政治的體系，在此一般原則上，爲一適例。蓋此體系之基礎，即中國人之宗教的信念也。天之觀念，既爲中國民族信仰之中心；著者於此，特分析之，摘出其政治的性質，執以爲基，以論證中國國家之特質。

神之與世界發生關係，有二道焉：一由於爲世界之建造者，一則由於爲世界之統治者。第一關係，乃有形的；第二關係，乃精神的。中國經典中，關於宇宙創造之語甚少。關於「自無而創造」(Creation ex nihilo) 之觀念，捨道教外，別無積極的證據。(註一) 其所謂神，於本質上，表現爲世界之君主，稱爲帝或上帝。而其所以成爲神之觀念之中心者，可證明其政治的性質。故中國民族之宗教的信念，哲學思想，家族構成，道德的法則，皆爲政治的。其所由來，無非出於神之觀念。故著者以爲：欲考察儒教之政治哲學，必先研究中國之上帝觀念，始爲至當。中國人之言天，有時由物質解之，有時由精神解之；其解爲物質的天，則以天、蒼天、日月等呼之；其解爲精神的神，則以天、旻天、昊天、父母、帝、上帝、皇天、天心等呼之。中國人之言天地，有時附以物質的意義，有時亦加以精神的意義，而含有天地主宰者之義。中庸有云：『郊社之禮，所以事上帝也。』（中庸十九章）夫郊乃祭天之禮，社乃祭地之禮，祭天地即所以事上帝，是即由精神上視天地爲上帝也。易繫辭上傳云：『夫乾，其靜也專，其動也直，是以大生焉；夫坤，其靜也翕，其動也闢，是以廣生焉。』此即解天爲精神的神，解地爲物質的自然之義。如法之孔德（Auguste Comte），即將中國人崇拜天地之觀念，視爲一種拜物教（fétichisme）。

所謂天地，由物質解之，縱有疑義；然所謂天，所謂上帝，若解爲神，解爲天地之主宰者，則毫無疑義。惟是否與基督教之神同係一物，當然有討論之餘地。新舊兩教徒派遣於中國之宣教師，因此而有長久之爭論；舊教徒耶穌會派與多米尼加派（Dominican）之間，爭論尤烈。當羅馬教王朝，爭訟至百年之久。新教徒之間，對於譯天爲神（God）與否，議論未能一致；布恩（Dr. Boone）

主張譯之爲精神(Spirit)，麥德赫斯特博士(Dr. Medhurst)，斯坦吞爵士(Sir George Staunton)，布拉靈博士(Dr. Browning)，達替博士(Dr. Dotty)，勒格教授(Professor Legge)諸人，則反對之而主張天卽爲神(God)。

上述諸人之主張，以麥德赫斯特博士及勒格教授之著述最可注意。至以天爲宇宙統治者之神，則自來布尼兹(Leibnitz)始，是卽啓蒙專制主義哲學者一流之解釋。

上帝若爲宇宙之統治者，則其統治之對象乃神之帝國；此帝國之性質如何，是一問題。是則對於神之帝國之構成，有研究之必要。

第一節　上帝國家之組織

上帝所支配者，爲宇宙，爲萬物，自不待言。然此爲物的要素，若言其支配下之靈的構成要素，則有三種，(一)鬼神，(二)祖先之靈，(三)人是也。

(一)鬼神

鬼神因人而異其稱呼，尙書中載有舜於上帝之外致祭六宗山川羣神之事（註二）。此三者，位於上帝之下，爲鬼神之種類。孔子有「敬鬼神而遠之」之語，經籍中亦有同一之稱號。孟子更加之以百神之名稱（註三）。最有興味者，則爲此等鬼神所佔之地位。中國祭典所宣讀之祈禱文，天子對上帝稱臣，對鬼神則稱朕，殆以同輩或低輩視鬼神也。然對於人民，反視爲居於君主及鬼神之上位者，是則不可思議矣。孟子曰：『民爲貴，社稷次之，君爲輕。』社乃土地之神，稷乃米穀之神，地位皆在人民之下，君主亦在其下。易曰：『夫大人者，與天地合其德，與日月合其明，與四時合其序，與鬼神合其吉凶，先天而天弗違，後天而奉天時，天且弗違，而況於人乎？況於鬼神乎？』此與孟子同一見解，視鬼神之地位較劣於人。左傳亦曰：『夫民，神之主也。』（桓公六年）此等鬼神，要不外上帝政府之官吏或大臣，各依其職分以補助宇宙之攝理者。如大明會典所載之祭文，舉此等神而稱之爲晝神，夜神，星晨之神，雲雨風雪之神，五岳五山之神，四海之神，即其例也。基督教之宣教師，信仰此等鬼神，遂主張以儒教之神學爲多神教。來布尼茲則反對之，以爲此等鬼神，要可稱爲基督教之天使，而決非多神教；其主張可謂允當。要之，既信此等鬼神之存在，並信其能參與上帝之大化，是已證明上帝靈的帝國之組織具有政治的特質矣。

（二）祖先之靈魂

中國人信祖先之靈不滅。其崇拜祖先之俗，人所皆知。天子每年祭上帝時，必同時祭其祖先，此慣例也。故禮記大傳有言：『不王不禘，（禘者祭上帝之謂，）王者禘其祖之所自出，以其祖配之。』蓋中國人信其祖先在天之靈有某種勢力，保護其子孫，讚其善行，罰其惡行，（註四）甚至信此等神靈有左右人類生命之力。如尚書金縢篇所載，武王病時，弟周公禱於祖先之靈，乞以己身代武王之生命。

此等祖先之神靈，在上帝之旁，果執行如何職務，殊不明瞭，惟其與子孫確有家族的連帶關係耳。故祖先崇拜，實與孝德之教育有密切關係也。中庸曰：『事死如事生，事亡如事存，孝之至也；郊社之禮，所以事上帝也，宗廟之禮，所以祭其先也。明乎郊社之禮，禘嘗之義，治國其如示諸掌乎？』（中庸十九章，）禘者，天子宗廟之大祭，祖先之祭，嘗者，秋祭，乃例示四時之祭者。故孔子以尊敬祖先為中國道德之根本要義，以禘嘗之祭與郊社之禮（祭上帝者，）為治國之根本要義。

(三)人

所謂人，乃上帝王國之第三構成要素。尚書泰誓云：『惟天地萬物父母，惟人萬物之靈。』孝經擧孔子之言曰：『天地之性，人爲貴。』論語鄉黨篇亦有一節有趣之插話：『廐焚，子退朝，曰：傷人乎？不問馬。』可見孔子以人爲自然創造之目的物。是卽人類中心之宇宙觀，謂神之恩寵，其終極目的，在於人類，無人類則無宇宙，無人類則無上帝之國家。

然則就儒教言，人類之性質爲何？上帝作人類爲民而非作之爲人。尚書，仲虺之誥云：『嗚呼！惟天生民有欲，無主乃亂，惟天生聰明時乂。』意卽謂人類係爲國家而作，乃政治的動物，然此果可以若何意義解之乎？大要言之，其可能的解釋有二，第一爲來布尼玆之說，謂自然於政治的生活上，註定人類之運命而賦以不同之性質，使若者爲命令者，若者爲服從者；依此解釋，則人類於支配者與被支配之間，實有天賦之分別。第二爲亞理斯多德之說，謂人類若不作成國家，則不能有其幸福，及成就與進步。儒教於此兩說之意義，蓋皆有之。故人類爲作成國家而創生，而抽象的人之觀念，在中國人方面並不發達；蓋對於人類若不從平等關係與同胞關係考之，則抽象的人難以發生。所謂民之觀念，在中國人方面，則係從治者與被治者之關係考之，換言之，卽從命令者與受命令者之關係考之。故其中心原理，無非出於不平等之觀念及權力之觀念。（註五）

要之，上帝王國，其四種構成要素，爲上帝、鬼神、祖先之靈及人類。其由此四者構成宇宙的國家，正如基督教以死者與生者構成所謂精神的教會也。惟儒教與基督教有截然不同之處，卽前者乃政治的而非宗教的，後者乃宗教的而非政治的。然則神之帝國中，其政治目的與政務，果如何耶？

第二節　上帝國家之目的

儒教上帝所支配之國家，其政治目的何在？依經典之精神而言，天者愛也，（註六）正義也。天愛其民，故求民之幸福，天行正義，故求國家之秩序。此爲神之行政全體。既求人民之幸福，則其結果，當然有愛育政策以保護其民；既求國家之秩序，則論理上之歸結，自有賞罰分明之政治，以監視人類之行動。此仁愛與義烈之兩面，卽爲上帝王國之政治全體。

上帝求人民之幸福，惟其所謂幸福者，乃現世之幸福，而非如基督教所說，爲來世之幸福。然不可因此謂中國人不信靈魂之不滅。如詩大雅所謂「文王陟降，在帝左右」者，卽足確證其信祖先靈魂之不滅。雖有祭祀祖先之舉，然對此靈魂之不死，未嘗思及其幸與不幸。要之，中國哲學者，對於死後之靈界，常避而不論，孔子答弟子「敢問死」之問，曰：『未知生，焉知死？』（論語先進，）蓋其信仰一切行爲之報酬，皆實現於現世也。尚書湯誥曰『天道福善禍淫』孟子亦曰『仁則榮，不仁則辱。』（孟子公孫丑）中庸曰：『故大德必得其位，必得其祿，必得其名，必得其壽。』（中庸十六章）此其爲說，明白限定現世的幸福爲德之報酬。至謂幸福若不能見於自身，則必見於子孫者，孟子也。其言曰：『苟爲善，後世子孫，必有王者矣。』（孟子，梁惠王）易亦有言：『積善之家，必有餘慶，積不善之家，必有餘殃。』（易文言，）要之，儒教在此點上，已有功利主義之傾向。此確爲中國民族國民性之一面也。

其他一面，則無非所謂無上命令之道德，爲善而行善也。此於孔子學說，多所表現。如所謂「朝聞道，夕死可矣；」（論語里仁）「未若貧而樂，富而好禮者也；」（論語，學而）「仁者安仁，」（論語八佾）「賢哉回也！一簞食，一瓢飲，在陋巷，人不堪其憂，回也不改其樂，賢哉回也！」（論語雍也）「求仁而得仁，又何怨？」（論語述而）「飯疏食，飲水，曲肱而枕之，樂亦在其中矣！不義而富且貴，於我如浮雲，」（論語述而）者，皆是。孟子亦未嘗不離其本領政治哲學者之領域，時常表示同樣之氣魄。其言曰：『君子有三樂，而王天下不與存焉，父母俱存，兄弟無故，一樂也，仰不愧於天，俯不怍於地，二樂也，得天下之英才而教育之，三樂也。君子有三樂，而王天下不與存焉。』（孟子盡心）孔孟二人，至於今日，其足以認爲達於中國道德之極點者，卽清純高潔之感情也。

上帝求民之幸福，其結果，當然採愛護政策。基督教之神，父也，儒教之天，君主也。其爲愛雖同，然其間有相異之處。蓋父之於其子，個別愛護之，故其愛乃個人的。反之，君主之愛，則求人民全體之幸福，故爲團體的。

左傳有言曰：『天生民而樹之君，以利之也。』（文公十三年）又曰：『天生民而立之君，使司牧之，勿使失性，（中略）天之愛民甚矣，豈其使一人肆於民上，以從其淫？』（襄公十四年）

蓋上帝對人民之愛護，不能自行之；若僅順調氣候，統制風雨，予人民以物質的幸福，上帝決不以此而滿足；何則，人民之幸福，於物質以外，尙有俟乎精神的向上也。於是天乃降生君主，以爲其地上之代理者，使司牧人民，於物質的利益外，同時予以精神的利益。此卽上帝愛護的政治之基礎，儒教之社會政策與教化政策，實自此點出發。尙書泰誓曰：『天佑下民，作之君，作之師，惟其克相上帝，寵綏四方。』可見天子乃代天行道者。故曰「天工人其代之，」（書皐陶謨）「惟時亮天功。」（書舜典）君主之義務，係代天而「作民父母，以爲天下王。」（書洪範）要之，上帝之愛護人民，其政策非個人的，乃政治的，團體的；此其特質也。

上帝之國家，其第二目的，在於宇宙之秩序。據易考之，宇宙乃法則之顯示，物質界，精神界，皆由同一之法則所支配。（註七）自然界之一切，爲必然所支配。若夫精神界，則人類得因行動之自由而犯法，則以致社會發生紛擾。然據儒教考之，此種紛擾，以制裁違法之刑罰壓伏之，則秩序卽可回復。故精神界之支配法則，與物質界之支配法則，雖同屬必然的，然其必然性則相異。蓋此兩法則，僅於其保證之確實上係屬同一耳。而且天欲人類循從道德律，與夫秩序支配宇宙，故致力使人德化。

上帝須確保世界之秩序，故必監督其地上之代表者（君主）及其所支配之人民，察視正義果否實現，秩序果否保守。詩大雅曰：『皇矣上帝，臨下有赫，監視四方，求民之莫。』是則天之爲天，峻烈嚴格，已非民之父母，直係檢察官，及推事，而視察一切，監督一切者也。

因有如斯嚴密監視之觀念，遂生出上帝遍在（Omnipresence）之信仰，故詩周頌曰：『敬之敬之，天維顯思，命不易哉！無曰高高在上，陟降厥士，日監在茲。』

上帝欲保其帝國之秩序，不僅監視下民，更且賞其善行，而罰其惡行，此不僅假自然之法則而爲之，且須別由神之特別命令而實行之。孟子云：『禍福無不自己求之者。』（孟子，公孫丑）曾子云：『戒之戒之，出乎爾者，反乎爾者也。』（孟子，梁惠王下）例如夏桀之亡於商湯，殷紂之亡於周武，中國人則信此等暴君之遭滅亡，皆係天命誅之。故尙書泰誓云：『商罪貫盈，天命誅之。』

天對人民，欲正其邪正，常假君主之力以爲之；此乃一般之信仰。故尙書太甲云：『民非后罔克胥匡以生。』君主爲人民之主，爲人民之師，故對於民之善惡，有賞罰之權。就此點而言，關於人民之行動，君主對天負有重大責任。故明君對於民之善行，歸功於民，對於民之惡行，則自身獨任其責。尚書盤庚曰：『邦之臧，惟汝衆，邦之不臧，惟予一人有佚罰。』又湯誥曰：『其爾萬方有罪，在予一人，予一人有罪，無以爾萬方。』故神之監視，對君主特別嚴密，何以故，人民之運命懸於君主之行績，關係重大故也。

然神爲最高之仁慈者，故對於姦惡不卽罰之，而予以自悔自匡之暇。君主治其邦，若有過，神降天變地異以警告之，若政績善良，則降百祥以示之。中庸所謂：「國家將興，必有禎祥，國家將亡，必有妖孽」者，是也。如斯顯著之自然現象，在中國歷史上，記載極多。孔子作春秋，對於當時之事，作嚴格之批判，其文雖非常簡潔，然不忘天變地異之記載。孔子自身，亦嘗迅雷疾風，自正其貌。依中國人之信仰，天殊愛君主，故以災厄警告之。（註八）天寬大，不輕易加人譴罰，有時天似見敗於惡；然最後之戰，天必勝之。故詩小雅云：『視天夢夢，旣克有定，靡人弗勝。』

從以上諸點，中國人之天之信仰，其政治的性質如何，殆可略明。蓋神爲君主，而非單純萬有之創造者；其愛人民也，乃如君主之愛民，而非如父之愛子。故其愛護與監視，係團體的，而非個人的，且常賴君主居間行之。要之，中國人之宗教的信念，乃其政治之基礎；地上之國家，無非神之帝國之延長；地上之皇帝，乃上帝之代表者及其反映。是卽儒教「道德政治」之出發點。

(註一)中國人思想中之天地創造，不外以天地之根源爲一，而以爲惟天生物。(一)大哉乾元，萬物資始，乃統天，(易彖傳。)(二)乾知大始，坤作成物，(易繫辭上。)此所謂作成物，乃完成(Completion)之義，見於笛卡兒(Descartes)氏之 Création Continuelle 觀念。(三)且天之生物也，使之一本，(孟子滕文公上。)是乃一元論之主張，英國學者勒格(Legge)譯之如下："Heaven gives birth to creatures in such a way, they have one roat." 惟其如此，故不比基督教之主張「自無而創造」。其他經書，亦祇有惟天生民生物之言。如書經所言：惟天生民有欲，無主乃亂，惟天生聰明，時乂，(書仲虺之誥)是也。惟老子有「自無生有」之說，故宋代哲學表現「自無而創造」之思想。(參照第三章)

(註二)肆類於上帝，禋於大宗，望於山川，徧於羣神。(書舜典)

(註三)使之主祭而百神享之，是天受之。(孟子萬章上)

(註四)非先王不相我後人，惟王淫戲用自絕。(西伯戡黎)

（註五）有天有地，而上下有差明王始立，而處國有制。夫兩貴之不能相事，兩賤之不能相使，是天數也。勢位齊，而欲惡同，物不能澹則必爭，爭必亂，亂則窮矣。先王惡其亂也，故制禮義以分之，使有貧富貴賤之等，足以相兼臨者，是養天下之本也。維齊非齊，此之謂也。（荀子，王制篇）

（註六）天生民而立之君，使司牧之，勿使失性，（中略）天之愛民甚矣，豈其使一人肆於民上，以從其淫？（左傳襄公十四年）

（註七）天地以順動，故日月不過，而四時不忒；聖人以順動，則刑罰清而民服。（易，彖上傳）

（註八）天心仁愛人君，必出災異以警戒之。（董仲舒對策）

第三章 『天』之信仰之非宗教的性質

儒教爲中國民族的傳統國民的信仰，故其非自孔子而立。孔子以前，已有儒教，孔子以後，亦有儒教。然孔子獨於儒教上占重要地位，斯何故耶？孔子以前之聖人果無如孔子之德者耶？孔子以前之哲人果無如孔子之智者耶？曰：此因至孔子時期儒教之精神始臻極盛，中國傳統之本質始極明白，故也。

儒教之精神如何？中國傳統之本質如何？曰：合理主義是也，理性之勝利是也。人類之原始狀態，常由迷信與不正義支配社會，非有荒唐無稽之信仰迷惑人心，卽有殘忍暴戾之行爲困厄人類。此爲理性缺乏之當然結果，謂之野蠻狀態。迨孔子出，則以其明徹之理智，排斥一切迷信，以其高邁之德，匡治一切不正，故子貢稱曰：『仁且智，夫子旣聖矣。』（孟子公孫丑上）

孔子之事業，以闢迷信闡理性最爲卓拔。此於其尙書之刪纂，可以見之。自孔子以前，傳至孔子時代，政治的記錄頗多。有歷史的事實之記載，有制度之記錄，有朝廷道德與政治之哲學論；有天子之宣言，有君主與政治家祈禱神明之文。此等記錄之中，自必有非常古遠者。（註一）然孔子之編纂尚書，則將堯舜以前之文書悉行刪去，而以堯舜爲第一頁。其以堯舜爲中國歷史之始，確爲一大英斷。據中國之傳說，堯舜以前，顯然有伏羲神農黃帝等聖人之存在，且就易經一種文化之傳來，尤足證此等聖人之存在。然則孔子何所據而刪削之耶？蓋堯舜以前之歷史，寧屬神話時代，附有荒唐無稽之傳說，有理性之君子，自不致人云亦云。相傳山海經爲最古神話。古史所載：皇帝伏羲，蛇身人首，皇帝女媧氏亦蛇身人首，皇帝神農，人身牛首。孔子不語怪力亂神，（論語，述而）嘗云：『未能事人，焉能事鬼？』（論語，先進）又云：『未知生，焉知死？』（論語，先進）又云：『敬鬼神而遠之，可謂知矣。』（論語，雍也）蓋此等神祕的信仰，爲孔子之理性所排斥。孔子致其全力，於中國之文物，使之悉爲合理化，是乃其本領之所在也。

堯舜以前，爲神話時代，其傳說，不過爲故事性質。就此傳說，可見中國人之傳統；而中國人之國民性，亦於其中見之。其於時代文物之中，雖爲神怪的，然亦爲合理的，實證的。例如謂易始作於伏羲時代，縱係傳說，而一般信之。伏羲爲西紀元前三千年時之人。據易繫辭下傳及史記本紀之說，易之發明，係出於自然及人事實證的觀測之結果。易繫辭下傳曰：『古者庖犧氏之王天下也，仰則觀象於天，俯則觀法於地，觀鳥獸之文與地之宜，近取諸身，遠取諸物，於是始作八卦，以通神明之德，以類萬物之情。』玆所云八卦，係用陰陽二記號，演出六種結合，表現爲八種方式。迨至文王，（史記云神農）更演爲六十四種方式，使之變化，以表現宇宙之萬有全體。其陰陽二記號之配列次序，非常科學的。至十七世紀，則爲德國哲學者來布尼玆（Leibnitz）所證明。來氏初發明Arithmétique binaire，謂以一與零二記號，得表現一切之數。嗣發見其理論顯與易之原理符合，驚嘆之餘，以爲中國之文明，在五千年前已發見如斯原理，則現在中國民族之文化，應有如何程度？於是對於中國，非常贊美。來氏並將中國傳來之六十四卦，以圓形排列之，親手附以目次，至今猶陳列於德國漢諸威（Hanover）圖書館。卽此一事，可見中國人爲優秀的理智國民，且足證其合理的文化，由此而生。當堯之時，天文學已發達，對於一年之爲三百六十六日弱，已有精確之計算。

中國有如斯合理主義之發達，聖賢政治當然實現。其君主不外仁且智之人，卽聖哲者。此等君主，正如啓蒙專制主義之哲學者所夢想，優於所謂智而已達哲人之域，其臣下亦人材萃集。故當時政治，應視爲哲學者之政治，君主應視爲哲學者之長。讀尚書之大禹謨，皐陶謨，可概見高遠之政治哲學爲當時天子與其臣下間之所論議。要之，中國之政治，哲學者之政治也。

假令地上之國家爲神國之反映，地上之君主爲上帝之代表者，上帝之反影，則中國人之政治體系，係單純的神政治，殆與猶太人回教徒之政治體系無別。然中國政治之性質，根本非宗教的。君主非最高之僧官，而本質爲國家之首長。其政治事務至爲重大，其宗教職務，則不足道。然則中國人之如此非宗教的特長，何自而來耶？

中國人對上帝之信仰，固爲一種一神教，然其與基督教及猶太教根本不同。人民對神之存在，雖信崇之，然對神禮拜，只限於天子，而不許人民爲之。每年冬至日，天子於京城郊外之圓形祭壇祭天，夏至日於四角形之祭壇祭地。此種禮拜，嚴禁人民爲之；惟有例外，周公之子孫，（魯之君主，）得以爲之。是則天乃天子之神，而非人民之神。所謂天子，如吾人所論，乃哲學者，至少亦爲哲學者之長。故天爲哲學者之神。

即此一事，有非常重大之結果，對於上述中國人合理性之所由來，能以充分說明之。此種特別信仰的習慣之結果，至少有三，茲舉述如次：

一、上帝惟皇帝得禮拜之，免使人民有對神作偶像禮拜之習。

二、對上帝之禮拜，用如此特別方法，成爲天之信仰，於合理主義之意義上，漸有進化；自詩經時代純粹宗教的信念，進而爲易之十翼時代半宗教半哲學的信仰，復進而爲宋元時代純粹哲學思想，經過三段變化。

三、此種影響之中，其最重要者，自著者研究之見地言之，因其惟天子得禮拜上帝，遂致君主之宗教的職務減至最少限度，其道德的職務益加重大。

（一）一神教率不免陷於偶像禮拜之危險，蓋人民多無智識，常捨純粹有靈之神，而禮拜具有物質的形像之神也。以色列（Israel）豫言者，關於此點，爲轉移其民族，使趨向正道，禮拜有靈之神，嘗經非常之努力。基督教之歷史，亦有同一事實；在羅馬教會之墮落時代，實行禮拜雕像，殆已與偶像教無別。然自來中國皇帝，每年登祭壇時，僅書上帝之名於木札，未嘗以偶像爲上帝而禮拜之；而且藝術家，亦未嘗描畫上帝使表現爲偶像。故中國之禮拜上帝，與猶太之巴力(Beal)神教及禮拜朱匹忒(Jupiter)之擬人教，固不同也。上帝常爲純粹之神靈，其信仰常保存純粹之狀態。所以如此者，要卽由於人民不得禮拜，故無機會用空想的表現法使之變形也。

(二)上帝之禮拜，只許皇帝，不許人民爲之。此雖可免陷於偶像禮拜之危險，然其信仰，則陷於向反對方面而變更之危險。故中國人之合理的傾向，初由原始時代一神教的信仰，變爲易之十翼時代半宗教半哲學的汎神教，其後更變爲宋明時代純粹哲學。

上帝原爲哲學者之神，故爲其哲學的思索之對象。關於上帝之觀念，隨學者思想之進化而進化。依宇野博士之說，上帝禮拜之不許人民爲之，始自周代。暴君如夏桀商紂，當然爲賢明之英雄所撲滅，此爲中國之習慣。他一方面，此種習慣，於中國之君位非常不利。周代爲政者苦心欲將此傳統廢除，使天子與人民有所區別，乃限定上帝之禮拜惟天子得爲之。在周代以前，禮拜上帝，係純粹宗教的觀念，故神之人格及其意識非常明白。其證據，吾人可於中國最古之記錄如尚書及詩經中見之。詩大雅，有「文王陟降，在帝左右」之句，描寫上帝之人格，何其明白？是蓋形容上帝爲聖人之靈所圍繞，而有在天之意識的存在也。上帝並能直接與自己所愛者談話。詩大雅「皇矣」一章，其中字句多屬上帝與文王之談話。例如「帝謂文王，無然畔援，無然歆羨」等句，是也。又人而不義，則上帝怒之。尙書泰誓曰：『皇天震怒，命我文考，肅將天威，天勳未集。』是則信上帝與民共步，與民共樂。(註二)要之，此時代對天之信念，實未嘗排斥其人格與意識也。

然自周代，上帝之禮拜，不許人民，祇許皇帝爲之。關於天之信念，確有變更。易之十翼，或謂孔子所作，或謂係其後時代之作，然其所表現天之性質，非常合理的，且變爲哲學的。所謂上帝，殆失其人格與意識，而變爲論理的存在。

且易之十翼，其所表現之太極文字，乃一種抽象概念（卽原理，）用以表現法則觀念者。是時所謂上帝之稱，非常稀見，蓋以所謂天地之稱代之也。而與神同義之所謂天地，係由必然的法則所支配；此種法則，與支配人類之道德律，同其性質。要之，已由原始時代一神教之觀念，一變而爲汎神教之信仰矣。

據吾人觀之，易之第一特點，卽爲其法則觀。蓋易謂自然，爲無限之變化，並謂此變化，係依循環之法則而行。行於天地之間，有此變化；行於人事，亦有此變化，更徹底言之，天之爲天，乃一變化，亦卽爲一法則。神、自然、人，換言之，天地人三才，悉爲變化及法則。易彖上傳曰：『天地以順動，故日月不過而四時不忒，聖人以順動，則刑罰淸而民服。』是卽信仰天地爲神爲自然，其動的法則，與人事之動的法則相同。故云：『天地變化，聖人效之。』（易繫辭上）此種支配，自然與人事之法則，乃適合神之性質者。卽所謂「觀天之神道，而四時不忒，聖人以神道設教，而天下服矣」（易彖上傳）者，是也。蓋「天」爲上帝，四時屬於自然，「聖人」則代表人，此三者，受同一法則之支配。易文言云：『夫大人者，與天地（神）合其德，與日月（自然）合其明，與四時（自然）合其序，與鬼神合其吉凶，先天（神）而天弗違，後天（神）而奉天時，天且弗違，而況於人乎？況於鬼神乎？』

天地之第一原理，其法則謂之太極。由太極而生出陰陽二原理。陰陽二原理，普遍於萬物，若者爲陽，若者爲陰，若者兼有陰陽，或陽多而陰少，或陰多而陽少。大率陽多者完全，陰多者不完全，陽多者強，陰多者弱。要之，陰陽乃普遍於萬物之原理，而瀰漫於神，自然及人之間。易繫辭曰：『太剛，極是生兩儀。」此所謂兩儀，指陰陽而言。又易說卦云：「立天之道，曰陰與陽，立地之道，曰柔與剛，立人之道曰仁與義，兼三才而兩之。」此言陰陽普遍於天地人三才也。

萬有之第一原理爲太極，由此生出之陰陽，原爲依必然法則而變化之作用，此不斷之變化，則映出於易之中。故曰：「天地設位而易行乎其中矣。」（易繫辭）易乃變化之義，伏羲觀察自然，思考人事，於是作八卦，而因此通神明之極祕。故曰：「古者庖犧氏之王天下也，仰則觀象於天，俯則觀法於地，觀鳥獸之文與地之宜，近取諸身，遠取諸物，於是始作八卦，以通神明之德，以類萬物之情。」（易繫辭）蓋易對於萬有及其變化之相，能忠實寫出，凡神明之心，自然之法則，人事之變化，皆網羅於其中。故曰：「乾坤毀，則无以見易，易不可見，則乾坤或幾乎息矣。」（易繫辭上）又曰：「易之爲書也，廣大悉備，有天道焉，有人道焉，有地道焉。」（易繫辭上）

易對於天地之變化，能忠實寫出，故中國人利用之以占卜未來之事，其術至當。易所用以表現陰陽之爻，其一爲完全之棒，又其一則爲切斷之棒，以之配列爲卦，以八卦爲數之基礎，更引伸之爲六十四卦，加之以無限之變化，構成足以表現萬有全體之數學的方式。此種方式，象萬有之法則，而以人類之智爲已知之部分。其對於萬有予以數學的說明，而言由此數理得知未來。此在中國尙有一例，卽宋之邵康節是也。夫由數理以說明萬有者原爲決定論(determinism)，至謂決定論當然引起占卜者，則法國之札內也。其言曰：『占卜假定豫知豫知則假定決定論，若容許自由觀，則切斷人神結合之緣，而奪去神對人助言之貴重的援助。』

萬有如何由數學的法則所支配，在某種程度內，人智雖得知之。然人類之知識甚不完全，縱令在某種程度內得知自然得知道德之法則，而其全部則不能得知。況人之知識，決不能達於神明；故欲啓天地之祕見神明之心，則不得不訴諸神祕的方法。此蓍之所以設也。所謂蓍，由竹五十段而成立，取其一段以象太極，更將其餘四十九段任意二分之，依此二分之數以定卦之面。蓍之所現，乃偶然的，而非人所能測，故有神祕之意義。反之，卦則爲法則之意義。故易繫辭上傳曰：『蓍之德圓而神，卦之德方以知，六爻之義易以貢，聖人以此洗心退藏於密，吉凶與民同患，神以知來，知以藏往。』蓋易有神祕的部分，所謂神祕，卽人智不能測出者，是也。是以由蓍開其祕密，現陰陽於卦之上，以知其吉凶(卽神意。)故曰：『陰陽不測謂之神，』又曰：『昔者聖人作易也，幽贊神

明而生蓍。』（易，說卦）

要之易之體系，其中含有法則之部分與神祕之部分，智之部分，與神之部分。蓋易爲哲學的。同時亦爲宗教的所謂神祕，指人所不知而言。故易全體之思想，爲一決定論，殆無疑義。此由原始時代純宗教的一神教之信仰，進化爲半宗教半哲學的汎神論之思想。蓋卽易及十翼之信仰也。

漢唐時代，繼秦火之後，學者忙於搜索經典而恢復之，故僅埋頭於訓詁事業。迨至宋代，一方受漢唐時代道教佛教之影響，他方因宋太祖太宗熱心獎勵學問之結果，以致儒教入於前代未聞之哲學時代。而其特點，則爲玄學之發達。

宋代哲學，由周濂溪之「太極圖說」，引其端倪。太極圖說曰：『無極而太極，太極動而生陽，動極而靜，靜而生陰，靜極復動，一動一靜，互爲其根，分陰分陽，兩儀立焉。陽變陰合，而生水火木金土，五氣順布，四時行焉。五行一陰陽也，陰陽一太極也，太極本無極也。』其所謂無極而太極，原係自老子「自無生有」之思想而來，先秦時代儒教之正統派，則無此思想。茲所言之太極，乃係實在者，而非比易太極之爲單純概念爲原理。故由此新思想，當然生出宋代之玄學。

邵康節對於易之陰陽二元之說，立陰陽剛柔四元論，以數理說明萬有；此頗與易類似。張橫渠之大虛論，卽所謂氣之一元論，頗近於唯物主義，迨程伊川出，遂提倡理氣二元論。朱子繼其後，一方以程伊川之理氣二元論說明萬有，以太極綜合理氣，他方則繼言宇宙本體之太極爲理。其言理遂生氣，似爲一元論，而其始終主張理氣之對立，則又似爲二元論。實則朱子之哲學，由於調和周濂溪之太極說與程伊川之理氣二元論而來，其學不僅爲有宋一代之光華，而且爲儒教玄學之最發達者。

朱子學說受道教之間接影響，而與朱子同時之哲學者陸象山，其學說之構成，則受自佛教之影響。其心卽理之說，與朱子相反，謂理充塞於宇宙，而此理不外乎心；故其結論有「宇宙便是吾心，吾心便是宇宙」之說。

迨至明代，王陽明亦於禪學影響之下，構成其學說。其出發點仍爲陸象山之「心卽理」說，而於觀念之分析與精神修養之方法，頗加研究，遂組成一種唯心論。此卽其知行合一，致良知之學說也。

要之，宋明之學說，雖繼承易之玄學與中庸之心理觀而敷衍之；然易與中庸之學說，半含宗教的意義，宋明時代之學說，則與之相反，純爲哲學的。

至論天之觀念何由而變遷。著者以爲：上帝之禮拜惟限於天子，而禁人民爲之，其結果，天原爲宗教的禮拜之對象，遂變爲哲學者思索之對象。何則，儒教之政治爲哲人政治，而天子爲哲學者之長故也。對天禮拜法如此特別，遂使中國人之信仰，由純宗教的進化爲半宗教半哲學的，最後更進化爲純哲學的。

(三)上帝之禮拜，僅許天子爲之；自吾人之見地觀之，更有如下之重要結果。一切宗教，大率爲神與人之關係。對神之禮拜祈禱，無非人神兩者間心的交通之方法。故宗教之性質高尙，其所禮拜之神的道德性質亦高尙，以致其所給與信徒之賜物，亦不得不爲精神的。如猶太教，基督教及佛教，皆爲高等宗教，神常對於禮拜者之精神，有感化作用，而使其道德進步。然神之道德感化，若無精神與精神之接觸，則不可能。故禮拜祈禱爲最有效之方法。

上帝之禮拜，禁人民爲之，則人神兩者間之靈的接觸，即不可能，而其心的交通，亦不可能。於是神無感化人民之方法。然上帝常爲生民者雖不能取直接感化法，亦不得不用間接方法以感化人民；是故由天子居間以行之也。

且上帝爲天子之神。據經書所載，兩者之關係甚爲親密。神常指導君主而保護之，匡正之，賞其善行而罰其惡行，且常顯示天災地變以警告之。神之一切努力集中於感化君主之一端。是蓋欲君主於道德上，爲人民之模範；直接教化天子，卽間接教化人民也。孟子謂正君心爲正天下之本；故君主委身於教化，要卽行天之意也。

故君主之第一義務，要在不用宗教的禮拜之方法，而將純粹道德依理論及實行以教人民。其道德，實爲宗教之代用物。依此道理而言，帝舜所用以教民之五教，卽係由天委任者；故可謂爲神之一種法則。中庸之以天命爲道之起原，正爲此也。

然此所謂道，其性質自天子見之。蓋對天禮拜，自天子視之，爲宗教的，而自人民視之，則純爲道德的。故所謂道，自天子視之，爲神的，宗教的，而自人民視之，則爲人的，道德的。禮拜上帝，若許人民爲之，則中國之昔日帝國恐已如猶太教國，回教國，成爲神政治，而君主純爲最高之僧官矣。故上帝禮拜法之特別，其結果，遂使中國之政治體系，保存純粹道德的非宗教的性質。

中國之信仰，於哲學的方面雖益趨發達，而古代一神教的信仰之根跡，仍常保存。孔子孟子雖取實證的傾向，而其對人格的神及神的攝理之信仰，亦時有流露。洎乎後代，儒者之言天言神，皆屬純理論的。且天子之對天禮拜，雖於冬夏二季正式行之，亦僅保存其儀式耳。

（註一）左傳昭公十二年有言：『是能讀三墳五典八索九丘。』三墳記三皇之事，五典記五帝之事；可見堯舜以前之事，多有記載。尙書序亦云：『伏羲神農黃帝之書，謂之三墳。』

（註二）昊天曰明，及爾出王，昊天曰旦，及爾游衍。（詩，大雅）

第四章　儒教之自然法說

前章論儒教之宗教觀念及玄學的思想上所表現之合理的傾向，本章則研究儒教道德論上所表現之合理主義，所謂合理主義，卽儒教之自然法說也。

歐洲在十七八世紀時，自然法之觀念，臻於極點。此種學說，置其基礎於文藝復興期之精神「人本主義」(Humanism)。所謂人本主義，乃時代之精神，係因對從來基督教全盛期所受支配之唯心主義，神本主義 (Spiritualism) 反動而生。依神本主義而言，道德律自神而來，基督教之十誡，係摩西 (Moses) 於賽奈 (Sinai) 山上受神之啓示而得；是以道德律基於神之意志。反之，人本主義則爲自然所賦與人類之光明。此光明卽爲理性。此理性乃自備的法則，卽自然法也。故自然法反對從來神本主義所謂由神而來之法則，而倡道人來之法則，自然之法則，合理的法則。然主張自然法者，同時又認自然法與天啓法係屬同物。卽謂自然法雖得究明人類內部所備之自然性，然研究自然性，終歸着於神所啓示之十誡。是卽自然法學者之一般主張。宗教改革派哲學者，如德之梅蘭克呑(Philipp Melanchthon)丹麥之罕明森(Niels Hemmingsen)，諸人主張。尤力荷蘭之格老秀斯(Hugo Grotius)亦贊成此說。其言曰：『自然法乃正當理性所暗示於吾人之規則。此種理性，使吾人得知某種行爲依適當於合理的自然性與否，將爲道德的不完全所汚抑有道德的必然性？換言之，自然創造者(神)將禁止爲之？抑命令爲之？』故格氏主張：自然法在其性質上，雖係人的道德律，然與神的道德律一致。

迨至十八世紀，法之福爾特耳(Voltaire)研究文明相異各民族之風俗與思想，謂『道德之不得有二，猶如幾何學之不得有二』，並以爲自然法之存在，得由社會學而證明。

由此觀之，當十七八世紀啓蒙時代，通常以爲自然法表現於三方面。一表現於摩西之十誡，二表現於人類之自然性，三表現於文明相異諸民族法律上及道德上之法則。第一表現，爲宗教上之啓示，其法爲自神而來之客觀法。第二表現，爲哲學的，寧可謂爲主觀法，是卽普通所謂之自然法。第三表現，爲社會學的法則，科學的法則，故具有普遍的客觀的性質。自然法學派之理論家，謂依此三方法而得之法則，胥歸於一；然就通常意義言，所謂自然法，係指第二表現也。

在中國社會上，法之表現略如上述之順序。惟第三表現科學的法則，爲中國社會所不知。蓋在詩經及尙書上，法爲神的客觀的；其次在易及易之十翼上，法漸爲主觀的；最後在中庸及孟子上，則爲法定的主觀的。是則中國之自然法說，隨其合理的觀念之發達而進化，宗教亦隨同一之傾向，自超自然的信仰而進化爲自然神學。

著者茲對於儒教之（一）自然界之法則，（二）客觀的道德法，（三）主觀的道德（卽自然法），加以研究。

（一）自然界之法則

大學曰：『古之欲明明德於天下者，先治其國，欲治其國者，先齊其家，欲齊其家者，先修其身，欲修其身者，先正其心，欲正其心者，先誠其意，欲誠其意者，先致其知，致知在格物。』所謂致知格物，自昔成爲問題。儒者之註解，言人人殊。其說在中國有七十餘種，合日本學者之說，在二百種以上。英之學者勒格（Legge）將「欲正其心者」以下數語，譯之如次：

"Wishing to rectify their hearts, they first sought to be sincere in their thougts. Wishing to be sincere in their thoughts, they first extented to the utmost their knowledge. Such extention of knowledge lay in the investigation of things."

勒氏將「致知格物」譯爲擴張知識，研究事物。蓋從朱子之解釋也。於以見自然法研究，乃儒教道德及政治之出發點。

據是而言，古代聖人，係觀察自然界之現象，於其間發見秩序與調和；而此秩序與調和，係由變化（即循環運動）而成立。易繫辭上傳云：『法象莫大乎天地，變通莫大乎四時，懸象著明莫大乎日月。』古代聖人，知此自然界之法則出於天。論語陽貨篇曰：『天何言哉？四時行焉，百物生焉，天何言哉？』易曰：『易亦見天地之心。』皆此之謂也。故自然界之法則，與道德政治之法則，其起原，同出於天。中庸曰：『唯天下至誠，爲能盡其性；能盡其性，則能盡人之性；能盡人之性，則能盡物之性；能盡物之性，則可以贊天地之化育；可以贊天地之化育，則可以與天地參矣。』（中庸二十二章）蓋言道德律人類性，自然律天地萬有之精神，其原理皆一。是卽汎神論之信仰。孟子亦云：『萬物皆備於我矣。』（孟子，盡心）是故若研究自然，則如大學所言，其結果必能知天，知道德律而此自然界之法則，僅爲神之立法一部分，置秩序於宇宙全體者。是乃來布尼玆之世界觀。

（二）客親的道德法

論語爲政篇曰：『七十而從心所欲，不踰矩。』此所謂矩，乃客觀的道德法。是卽吾人以外所存在之規範，予人類行爲以規則者。中國人堅信客觀法之存在，而此客觀法，係出於神。漢董仲舒曰：『道之大原出於天，天不變，道亦不變。』孔子亦曰：『唯天爲大，唯堯則之。』凡此所言，皆足證之。而此種法則，守之者賞，違之者罰；其必賞必罰之道理，成爲一種因果律。由是而言，道德律亦具有必然性也。

道德上之因果律，卽爲必然的，則神之干涉自不必要，而人類成爲道德體系之中心。蓋人類之運命，若爲其行爲之自然的結果，則天自失其重要。尙書太甲中有言：『天作孽猶可違，自作孽不可逭。』蓋信仰自然的制裁，較神之制裁更正確也。

然則此道德法之起原如何？教自何人？曰：聖人也。舜始以五教教民，（孟子滕文公上，）皐陶更舉列九德。（註一）孔子則舉知仁勇三德，（中庸二十章，）孟子則教以仁義禮智四德，（孟子公孫丑上，）漢之董仲舒，加以信之德名之爲五常；凡此，皆係聖人思索之結果。彼等爲先知先覺者，換言之，爲哲人，爲天所遣當然使命之產物。

聖人之使命，不僅以理論宣其德教，更須以實行示人。

要之，中國之思想，對於道德律認爲聖人基於理性依哲學的思索而發見者，未嘗如基督教謂道德律由天所啓示也。

（三）主觀的道德律（卽自然法）

尙書泰誓曰：『惟天地萬物父母，惟人萬物之靈。』中庸曰：『天命之謂性，率性之謂道，修道之謂教。』（中庸，一章）神予人類以自然之性，率此性而訴諸其性之光明，以求眞理，終能至於道。此人類所以爲萬物之靈也。蓋於人類先天的自然性之中，有一種光明，信仰其能至於道，（卽客觀的道德法。）此種信念，直與歐洲自然法說相當，著者名之爲主觀的道德法。歐洲自然法學者，如宗教改革派哲學者麥蘭克呑等，謂：依此自然的光明之方法，亦能達到依啓示而得之十誡。子思之說，以爲人類之自然性出於天命，若窮其性，亦能達到神意。易所謂「觀變於陰陽而立卦，發揮於剛柔而生爻，和順於道德而理於義，窮理盡性以至於命」（易說卦）者是也。蓋言道德能實現正義，能窮理性，盡人之自然性，一方與自然界之法則同其基礎，他方則其起原基於神之命令也。

於是儒教之自然法，一方信仰其起原基於神，他方則信仰自然法之必然性，雖神亦不得變更之。荀子天論篇云：「天行有常」。又曰：「修道而不貳，則天不能禍」。此與托馬斯阿奎那（Thomas Aquinus）之永久法（loi éternelle），來布尼茲之自然法觀念，係屬同一主張。格老秀斯亦有此主張，其言曰：「自然法不變不動，雖神亦不得變動之；（中略）神之不得不以本質的惡爲惡，恰如不得不以二二爲四」。此種主張，以爲所謂善，於其自身爲善，是乃所謂合理主義之宣言，而將自然法之根據置於理性之上者。至反對此說而主張「善爲神之意志故善」之說者，於中古有奧坎（Occam），於近世則有溥分道富（Puffendorf）。然其說以善歸諸神之意志，直使神之本質依屬其行爲矣，於理亦覺欠通。中國人之合理主義，則信道德律之絕對性，而贊成格老秀斯之說，主張道德律之獨立，謂道發見於人類之自然性中，

道德既不須客觀的出於神而可主觀的發見於人類之自然性中，如是則爲儒教開闢新途徑。尙書中言性之文字時發見之。（註二）孔子云：『性相近也，習相遠也，』（論語陽貨）是更承認性之爲善，故論語雍也篇有云『人之生也直。』然孔子之言，關於性者較少。（註三）此種性論，至子思及孟子而後發達。

人類之自然性，乃所謂理性；自然法，乃此理性之產物。此爲歐洲自然法學者所承認，如斯多噶派（Stoics）及格老秀斯，阿爾圖修斯（Althusius），陸克（Locke）溥分道富盧梭（Rousseau）諸人皆以爲然。儒教之所謂性，見於「天命之謂性，率性之謂道，修道之謂教。」至謂此性爲理性者，孟子也。其言曰：『口之於味也有同嗜焉，耳之於聲也有同聽焉，目之於色也有同美焉，至於心獨無所同然乎？心之所同然者何也？謂理也，義也。』（孟子告子）此說與笛卡兒（Descartes）所謂理性之於萬人一而全之說，大相符合。是則理性之於人，爲普遍的，且爲先天所備之內部的

光明。然此理與義同視，（卽理性與正義同視）則可見東方合理主義之具有實踐的性質。故孟子對此理性，加以心理的解剖而歸之於惻隱、羞惡、辭讓、是非四種本能，並謂由此等本能生出仁義禮智四德。(註四)是卽其性善說也。

孟子自其性善說出發，唱道自由意志說，反對孔子之決定論的傾向。孔子曰：『性相近也，習相遠也。』其謂習慣能變更天分，雖似容許意志之自由，然附以條件，曰『上智與下愚不移』。（論語陽貨）至若孟子，則無條件的容許意志之自由。故『曹交問曰人皆可以爲堯舜，有諸？孟子曰然。』（孟子告子）且引顏淵之言曰：『舜何人也？予何人也？有爲者亦若是。（孟子滕文公）孟子之言性善，其結論曰：『有是四端而自謂不能者，自賊者也；謂其君不能者，賊其君者也。』（孟子公孫丑）至若中庸，亦寧視爲贊成孟子之說者。其言曰：『或生而知之，或學而知之，或困而知之，及其知之一也；或安而行之，或利而行之，或勉強而行之，及其成功一也。』（中庸二十章）

人之性善，其惡者何也？孟子謂其原因有二：一因怠於瞑想所致，一則因外界之障害所致。孟子對於第一原因予以心理的說明。公都子問孟子曰：「鈞是人也，或爲大人，或爲小人，何也？」孟子答之曰：「從其大體（卽從其心或理性）爲大人，從其小體（卽從耳目或感覺）爲小人。」公都子又問曰：「鈞是人也，或從其大體，或從其小體，何也？」孟子答之曰：「耳目之官不思而蔽於物，物交物，則引之而已矣；心之官則思，思則得之，不思則不得也；此天之所與我者，先立乎其大者（卽以心爲主），則其小者（卽耳目）不能奪也。」（孟子，告子）至第二原因，則爲外界之障害。孟子曰：『富歲子弟多賴，凶歲子弟多暴，非天之降才爾殊也，其所以陷溺其心者然也。』（孟子，滕文公）是卽言年之豐歉，於子弟道德之涵養大有影響也。

如前所述，孟子言人類之理性同一，曰：『心之同然者何也？謂理也，義也。』蓋孟子以爲理性普遍於萬人，故曰：『聖人先得我心之所同然耳。』（孟子，告子）此論斷道德涵養之道在於理性也。

於是中國哲學之合理主義改變其方向。中國人對於道德律，以不求之於客觀而求之於主觀爲足。對於自然，亦以不求之於外界而求之於內界爲宜。故孟子曰：『萬物皆備於我矣。』中國人不以崇拜在天之神爲必要，寧以崇拜在人內部之神爲必要。孟子曰：『盡其心者，知其性也，知其性者則知天矣，存其心養其性，所以事天也。』（孟子，盡心）其結論，與來布尼茲所謂「修道德卽所以事神」之說相同。

吾人自上帝之禮拜出發，終達到自然神學與自然法之道德說。自是以降，人類全爲儒教體系之中心；人類之運命，依屬於人類自身，依其自身之行爲以決定，天已不能加以何等之干涉。是則有所成就之人類，已爲神而非人類。何則，彼之意志卽天之意志故也。孔子對於幽冥界，拒而不語，何也？對於現世充分研究故也。君主仕於人民，何也？人民之意志卽神之意志故也。是故宗教道德、政治，全爲合理的，且係非宗教的。儒教之道德政治，卽立於非宗教的基礎之上。

（註一）寬而栗，柔而立，愿而恭，亂而敬，擾而毅，直而溫，簡而廉，剛而塞，彊而義。（書，皐陶謨）

（註二）故天棄我，不有康食，不虞天性，不迪率典。（書，西伯戡黎）

（註三）夫子之言性與天道，不可得而聞。（論語，公冶長）

（註四）惻隱之心，仁之端也。羞惡之心，義之端也。辭讓之心，禮之端也。是非之心，智之端也。（孟子，公孫丑）

第五章　儒教之國家觀念

儒教之國家觀念，要亦不外爲其合理主義之繼續。而此國家觀念，全爲特殊的，與近世國家觀念不同之處，有如下之五點：

（一）神與民及君主之三權分立

中國人以國家起原歸之於神。蓋其天之信仰，確有政治的性質；天爲上帝，爲宇宙之支配者。就此點言，儒教似爲純粹之神政治。

然儒教非純粹之神政治。蓋儒教之國家，非僅以其起原歸之於神，且以爲出於人類之要求。如尚書中，即有「嗚呼！惟天生民有欲，無主乃亂，惟天生聰明時乂」之語。據海格爾（Hegel）言，國家係由自然的必然而生，同時亦由神的必然而生；蓋人類之產生，乃所以組織政治的社會者也。此點與亞理斯多德（Aristotle）之人類社會性之主張相合。是則儒教主張國家出於自然的起原，在中國人之自然神學上，實應有此論理的歸結。蓋依隨人類之性質者，即依隨神之意志者也。

自然神學之神，訴諸人之內的光明（即理性）而得知。如此得來之神的觀念，僅係人類之合理的反映。若探討人類性，則必達於神，神存於人類以內，而非存於人類以外，故神即為合理的人。

中國人依據此理，遂以為天依民之耳而聽，依民之目而視。尚書臯陶謨曰：「天視自我民視，天聽自我民聽。」又大禹謨曰：「天聰明自我民聰明，天明威自我民明威。」故民之所正，天亦正之；蓋言人類對於合理性，絕對的信任之也。尚書泰誓所謂「民之所欲，天必從之」者，乃事理之當然。故其結論，以民之意志為天之意志，換言之，民即神也。

是故儒教之國家，非單純的神政治。何則，君主乃執行民之意志者，而非執行天之意志者，乃掌理政事之君主，而非主司祭祀之僧官也。據札內（Janel）言，如柏拉圖之「理想國」，乃哲學的神政治，換言之，乃合理的道德的神政治。仕於民，即所以仕於神。儒教之神政治，一方面可視為民主政治。

雖然，此不能謂爲單純的民主政治。蓋主權固屬於人民，然係屬於合理的（卽神聖的）人民，而非屬於放縱利己的人民。尙書大禹謨曰：『罔違道以干百姓之譽，罔咈百姓以從己之欲。』又仲虺之誥曰：『天生民有欲，無主乃亂。』吾人於此，可知有二種不同之民，一爲動物的，浮動的，利己主義的；一則爲神聖的，合理的，道德的。前者由其君主所支配所敎導；後者則選舉其君主而監督之，擁護之。前者爲臣民，爲被治者；後者爲主權者，爲神之手段。故君主對前者之浮動，不得不對抗，同時對後者之合理的意志，則不得不隨從。此與近世之德謨克拉西異其性質；近世之德謨克拉西，常係人民放縱，而盲目的意志獲占勝利；儒教之德謨克拉西，則係由神所監督，由具有理性之君主所統制者。其由賢明君主代表天之意志以監督之，故爲神政治的，合理的，德謨克拉西。是則君主得神之委任權以支配人民，其政府之性質，雖爲德謨克拉西，而其形式則爲君主政治。

雖然，此不能謂爲單純的君主政治。蓋君主雖爲宇宙之君主，實僅爲神之大臣，而非絕對的任意的支配者。彼須遵從神意而行動，須以彼之人格，代表神之理性。在此意義上，君主卽神之像也。故其政府爲合理的君主政治。在他方面，君主之權力出於民，君主爲人民而存在，非人民爲君主而存在。如腓特烈（Frederich）大王所云：『君主爲人民第一奴僕。』故君主之義務在於努力圖人民之幸福，亦惟因此目的，而用其權力，始爲正當。若欲滿足此目的，則其權力有賴乎強力。要之，此種君主政治，係民本主義。其雖爲專制政治，然依民主的目的而視爲正當。是卽合理的君主政治，質言之，啓蒙專制主義是也。

要之，神、人民、君主、爲儒教國家之三位一體。此三者之一，皆不能獨占國家之全權。最高主權者爲神，然不自行支配，而委託君主以執行其意志。君主亦不能單獨任意支配，而必受人民之監視。是則於某種意義上，確以人民爲神。何則，在君主方面，人民之意志，卽神之意志也。然人民自己無主權，其權力一方依天所命之道德律而受限制，他方又爲君主所監督。蓋君主者，人民之師也，人民之監護人也。君主確爲神之地上代表者，具有強大之權力；然一方爲神之意志所限制，他方又爲其對人民之義務所限制；故須依從神之法則，尊重人民之意志，而對雙方負有責任。

要之，儒教之國家，神與人民及君主，三者之中，無一能有完全獨立之權力。是卽孟德斯鳩

(Montesquieu)之三權分立論，三者有一濫用權力，則爲其他二者之權力所牽制。要之，儒教國家，其三種要素之均衡，卽爲理性。神不外乎理性，理性決定神之性質。任意的浮動的神，非儒教之神也。儒教之神，乃本質的合理的，君主爲其代表者，故亦須爲理性所指導。專制的君主，爲中國人之敵。人民天性好德，詩所謂「民之秉彝，好是懿德」者是也。人民要求理性之支配，故儒教之國家，乃理性之帝國。來布尼茲嘗有言曰：『國家之形體論爲政治學，其目的，須反映理性之帝國。君主政治之目的，在於受賢明有德之英雄如所謂陛下者所支配；貴族政治之目的，在於將政府授與最賢明而老練之人；民主政治之目的，則在於導人民於幸福。偉大的英雄，賢明的元老，及具有理性的市民，若能同時集中，則此三政體之混合，得以形成。至若任意的權力，乃直接與理性之帝國相反對者。』要之，來布尼茲依君主、貴族、人民之三權分立而要求理性之支配，儒教依天、君主、人民之三權分立而要求理性之支配；就其理性政治之要求而言，三者固屬同一也。

(二)文化的世界帝國

儒教以世界的帝國(universal empire)爲其理想。就此點言，與羅馬帝國相同。然兩者對於世界的帝國之建設方法，則有根本的不同。羅馬帝國以力爲其本質，而欲憑征服以統一世界。如最近之德意志帝國，卽繼承神聖羅馬帝國(Holy Roman Empire)之名，同時繼承其征服的精神。反之，儒教則以德爲其本質，而欲以文化教化世界。是則儒教之帝國，不可謂非神之帝國反映之當然結果。故中國三千年之歷史，畢竟爲中國文化擴張之歷史。堯舜時代，中國本土僅有黃河流域之狹小部分。（參照尚書禹貢）其他地域，殆悉爲蠻夷之住所。中國達於今日之領域，實經三十世紀之奮鬭。而此奮鬭之歷史，要卽中國對四圍蠻族擴張文化之歷史；其使今日中國之全領域，改崇中國之正統的信仰，是乃事實也。故中國人之征服他人，非如羅馬人之以武器爲之，乃以文學哲學爲之。尤有不可思議者，中國屢經蠻族征服，於中國樹立外國人之王朝，如金，元，清等，然皆不出五十年，忽爲儒教之教化所開通。故福爾特耳(Voltaire)對中國文明之教化力，有非常熱烈之贊美。

是則中國人之厭惡戰爭，輕視武力，自無足怪。「子貢問政，」孔子曰：「足食足兵，民信之矣。」子貢曰：「必不得已而去，於斯三者何先？」曰：「去兵。」子貢曰：「必不得已而去，於斯二者何先？」

曰：『去食，自古皆有死；民無信不立。』（論語顏淵）此可見孔子輕視武力也。孟子更進一步而論曰：君不行仁政而富之，皆棄於孔子者也，况於爲強戰？爭地以戰，殺人盈野，爭城以戰，殺人盈城，此所謂率土地而食人肉，罪不容於死；故善戰者服上刑，連諸侯者次之，辟艸萊任土地者次之。（孟子，離婁）此極言名將應處死刑也。要之，孟子認爲以武力征服者，非眞征服，以德征服者，始爲眞征服。其言曰：『以力服人者，非心服也，力不贍也；以德服人者，中心悅而誠服也，如七十子之服孔子也。（孟子公孫丑上）故仁政爲有力之武器，優於軍隊。孟子曰：『有人曰：我善爲陳，我善爲戰，大罪也；國君好仁，天下無敵矣。』（孟子，盡心）

是則文化的征服，乃儒教之生命，故孔子曰：『遠人不服，則修文德以來之。』（論語，季子，）且孔子自身，嘗欲居蠻族中。論語子罕篇云：『子欲居九夷，或曰：陋，如之何？子曰：君子居之，何陋之有？』孔子之理想，蓋以爲道之所行，中國文化之所及，悉爲儒教之天下。故曰：『夷狄之有君，不如諸夏之亡也。』（論語八佾）是則慨中夏之無道而羨夷狄之有道也。故儒教之教化主義，要不外修道德以服蠻族。外國人雖征服中國，終爲被征服者所教化，其祕密卽在此。子張問教化如何能行。孔子曰：『言忠信，行篤敬，雖蠻貊之邦行矣。』（論語，衞靈公）即此意也。尙書，畢命曰：『道洽政治，澤潤生民，四夷左衽，罔不咸賴。』凡此皆中國之文化的教化主義之宣言也。

（三）人類本位之國家思想

據近世之國家觀念而言，國家由三要素成立，即土地、人民、權力是也。此三要素，依時代而異其重要。往昔封建的觀念，以爲國家係君主之私有財產，能自由讓渡之，分割之，或作爲遺產以傳諸人。是即謂土地爲主要的要素，人民僅爲附從者。人民常附隨土地，土地分割，人民亦從而分割。所謂財產的國家（Patrimonial State）之名義，即表示此制度之性質。反之，近世合理派哲學所產生之自然法說，則以國家爲人類之協同團體。其於治者與被治者之間，樹立正義之觀念，是爲此制度之主要工作。蓋謂人類爲要素，土地殆不成問題。故國境如何，無所注重。據此觀念而言，地上只有一種國民存在，即人類是也。此說之結果，遂歸著於世界主義（Cosmopolitanism）。如十七十八世紀合理派哲學之傾向是也。而啓蒙專制主義屬之。至謂第三要素之權力占重要地位者，則爲專制君主政治。其蔑視人民與土地，而謂君主即國家者，則爲路易十四（Louis XIV.）

之國家觀。

羅馬之國家思想注重土地；中國之所謂覇道主義，卽屬於此部類。孟子曰：『以力假仁者覇，覇必大有國，以德行仁者王，王不待大，湯以七十里，文王以百里。』（孟子，公孫丑）是則王道為儒教之國家觀念，其於上述三者之中，寧屬於合理派哲學之國家觀念。大學云：『有德此有人，有人此有土，有土此有財，有財此有用，德者本也，財者末也。』孟子更進而論王道不以土地為要素，並引「周文王，為救民避狄人難，而棄地他徙」之例，謂應為人民而犧牲土地。滕文公問曰：『滕小國也，竭力以事大國，則不得免焉，如之何則可？』孟子對曰：『昔者大王居邠，狄人侵之，事之以皮幣，不得免焉，事之以犬馬，不得免焉，事之以珠玉，不得免焉，乃屬其耆老而告之曰：狄人之所欲者，吾土地也，吾聞之也，君子不以其所以養人者害人，二三子何患無君，我將去之，去邠，踰梁山，邑于岐山之下居焉，邠人曰：仁人也，不可失也，從之者如歸市。』（孟子，梁惠王）故孟子謂殺人而得土地者為民賊，（註）彼爭地以戰，爭城殺人者，是率土地而食人肉也。要之，儒教之國家，以人民為主，而不注重土地；卽於此點，與啓蒙專制主義同其性質。

(四)「神之道理」

近世國家論之基礎，在於主權觀念。其所由來，原於羅馬之權力說。西塞祿(Cicero)於其法律論中，謂『人民之安全爲最高之法律。』所謂人民之安全，意卽謀國民之安全以免外國侵入之謂。欲保此安全，須有國家之強力；凡增加此國力者，皆爲國民之利益；是卽成爲最高之法律，此最高之法律，謂之「國家之道理」(raison d' Etat)。此種國家觀念，與主權之法的觀念有密接關係。就此觀念而言，國家乃集合的存在而爲絕對的主權者。國家有其自身目的，其意志卽最高之法律。此種法的主權之觀念，得基督教教義之助，其力更強。聖保羅(Saint Paul)有言曰：『凡人應服從在上之權威，此權威未嘗不出於神，一切權威皆由神而立；是故逆權威者，卽悖神之所決定，悖者自受審判。』此其觀念，經路易十四世以之構成專制的國家思想；其宗教的理論，則爲波諸亞(Bossuet)之說所依據。迨至十九世紀，海格爾(Hegel)更以其哲學辯護之。近世國家，於法的理論上，採用羅馬之主權論。近世國家，乃絕對的存在者，而排斥其他一切權力；是由於以「國家之道理」爲最高道理，而無任何物位於其上也。

儒教之國家思想，對於如此絕對之價值，不認爲國家之道理，且以爲於此道理之上，更有神之道理。國家須爲上帝帝國之映像，「國家之道理」須與神之道理一致。實際上之國家，不能滿足此條件。一切權力，非如聖保羅與海格爾所主張，皆由神而立。惟道之實現之國家，其權力始得爲神的。所謂道之實現，惟君主與人民間之調和足以臻之。而此調和之所由來，則因人民爲君主之德所教化，有以致之。吾人惟於古昔唐虞三代之政治，見其實現。而此神之道理，爲一切國家所應於其理想上追求之者。故所謂權力，不得爲政府之最高唯一原理。

(五)捨制度而言人

一切哲人政治之目的，皆在於正義之實現。然實現之方法，儒教則有獨特之觀念。柏拉圖之理想國，卽於此點，與儒教分道揚鑣。在柏氏視之，所謂正義，乃特殊的國家組織之結果。譬之善良之人，係因欲望勇氣理性之調和而實現；國家有類乎是。惟於勞動者軍人哲學者三階級之調和中，正義始得實現。欲實現此三階級之調和，則須實行所有權與家族之共有。蓋在柏拉圖視之，所謂制度，有非常重要之意義。國家之形態，爲柏氏政治哲學之中心，而欲樹立理想的國家，須予以理想的組織。正義卽存於國家之善良組織中，若正義實現於國家，則個人亦易成爲善良之人。是卽柏氏理想國之理論也。

此種理論，對於近世歐洲之國家論，予以不少的感化。歐洲人士，常以爲欲改良政治必先改良制度。歐洲一切革命，悉爲制度之改革；各政黨之目的，皆於議會謀制度之改善。要之，制度之改善，殆可視爲歐洲政治之全體。

就此點而言，儒教之國家論，則持不同之見解，以爲正義係依人類而實現，決非依制度而實現。儒教國家之形態，自古同一，常爲單純的君主國。此點，於堯舜之黃金時代，桀紂之暴君政治，春秋戰國之封建國家，均無更變。儒教之主張，既不若柏拉圖廢止家族與所有權見解之奇特，亦不若神政治權力觀念之誇張。儒教道德政治之理想，惟歸著於人物之選擇一點。尚書周官曰：『明王立政，不惟其官惟其人。』是卽捨制度而言人重要也。中庸曰：『優優大哉，禮儀三百，威儀三千，待其人而後行。』（中庸，二十七章）此言任何盡善盡美之制度，不得其人則不得收其效也。又曰：『哀公問政，子曰：文武之政，布在方策，其人存則其政舉，其人亡則其政息。人道敏政，地道敏樹；

夫政也者，蒲蘆也故爲政在人，取人以身，修身以道，修道以仁；仁者人也，親親爲大，義者宜也，尊賢爲大。』—（中庸，二十章）儒教之國家，以君主爲其體系之中心，依其君主之德化，而集人材於天下，至野無遺賢而後已。此種哲人政治，以爲先完成個人，始得完成國家。柏拉圖則以爲完成國家之制度，而後個人始得完成，其見解正相反對。要之，儒教修身之目的，在於治國平天下（卽秩序），故儒教之理想國，在於作成正義之人而後實現正義之國也。

要之，儒教於其哲學觀，倫理觀，政治觀各方面，皆表現合理主義之美，一貫其理性之支配，而對於純然浮動的神與君主及人民之支配，皆所排斥。

（註）孟子曰：今之事君者皆曰：我能爲君辟土地，充府庫。今之所謂良臣，古之所謂民賊也；君不鄉道，不志於仁，而求富之，是富桀也。我能爲君約與國，戰必克。今之所謂良臣，古之所謂民賊也；君不鄉道，不志於仁，求爲之強戰，是輔桀也。由今之道，無變今之俗，雖與之天下，不能一朝居也。（孟子，告子篇）

第六章　儒教之君主論

儒教之君主（卽皇帝，）謂之天子。此稱號由來甚古。而關於此名稱之性質，有二種說明。一對於所謂天子之字義予以宗教的說明。一則予以哲學的說明。

第一說，中國各王朝天子之祖先中，有無父而生者，換言之因其母宿於上帝之靈而降生者。如詩經所言殷之祖先契，卽係玄鳥受天之命而降生者也。（註一）此與基督因其母馬利亞夢神而生，秀吉因其母夢日輪而生，漢高祖因其母夢龍而生，等傳說相似。凡英雄豪傑，關於其誕生，必依宗教的受胎說，多所潤飾。而在中國，爲說明天所以爲天子之神之理由，則其主張以上帝爲天子之祖先，於論理上尤爲當然。據星野博士所述，此種傳說，在孔子以前似尙存在，及孔子纂訂尙書，始删除之。

如上所述，要無非說明：中國之天子，在肉體的意義上爲天之子。若中國眞採用此說，以之爲正統的信仰，恐儒教將成爲單純的神政治而非合理的道德政治矣。神政治各端所共同之特質，在於君主由神祕的方法所任命之一點；君主一經任命，則其意志與神之意志同視，而全爲神聖不可侵犯者。對於既經選定之君主，無論人格不適當或行爲暴虐，皆不能資爲論據以傾覆其權力之正當。此於今日西藏回教徒之神政治可以見之；且於古代埃及之神政治，亦可以見之。

然中國人之合理的性質，並非永爲如此神祕的信仰。彼等使其古代之神政治合理化，於是完成哲學的神政治（卽道德政治）。此實全爲孔子之事業，故孔子可視爲儒教體系之中心也。

第二說爲哲學的說明，卽對於天子之觀念予以論理的說明。關於此種說明，如星野博士所述，殆有十種說法。（註二）要約言之，可歸著於三種觀念：第一，天子爲上帝之地上代理者，第二，皇帝爲上帝與人民之中間人，故謂之天子，第三，皇帝行聖賢政治，（卽理想的完全政治）故謂之天子。於此三點，儒教之道德政治，顯與神政治不類。換言之，天子（一）於其權力之起原上，（二）於其爲天子之必要資格上，（三）於其主要政務上，皆與神政治全然有別。要之，神政治之君主，其任命方法爲迷信的，其人物不問如何，其政治不注重善惡；於此三點，卽與儒教異其特質。蓋儒教之天子，非於肉體的意義上爲天之子，而實於精神的意義上爲天之子。此爲儒教之正統的信仰。著者以此三點，對照神政治之觀念，依次硏究；於本章討論天子權力之起原與其資格問題，於次章討論天子之政務問題。

第一節　君主權之起原

本書第二章說明：上帝於其本質上，爲愛與正義，故其政治目的，欲於上帝王國實現人民幸福與秩序；而其目的，則表現爲上帝保護與監視之政策。

然上帝於其王國之統治，除自然界與物質界外，決不能直接施於人民，故由代理者居間以接觸之。尙書皐陶謨所謂「天工人其代之」者是也。又尙書泰誓曰：『天其以予乂民。』蓋天使其地上之代理者行其意志，而決不自行其政治。其代理者爲天子，要卽係參與上帝統治之大臣。天子爲上帝之補助者，此種觀念，爲天子之第一義。故尙書泰誓曰：『天佑下民，作之君，作之師，惟其克相上帝，寵綏四方。』夫天子旣爲上帝之補助者，應卽係上帝所任命者，故相傳其權力出於神依此見地而言，天子爲神的，其權力爲神聖的。

是則道德政治與神政治亦無異點，其區別寧在於天以如何方法授其權力於君主耳。在神政治之信仰上，神之選任君主，其方法全係神祕的，且係浮動的。其於彼此之間，以孰爲君主適當，並無正確理由。時或出於單純的神託，甚且出於占卜。於是神之意志，殆全爲任意的宿命的。

反之，儒教上帝之選擇君主，則不用神祕的方法，常由其所造之物，表示其意志。如第三章所述，儒教自上帝之禮拜出發，其信仰，漸次成爲玄學的自然神學，其道德則漸次成爲非宗教的性質。故人類爲其哲學體系之中心。人類之運命，依屬於人類自身，天不能加以任何之干涉。此已成就之人民，（卽有理性之人，）殆已爲神而非人類。何也？其意志爲天之意志也。所謂「民之所欲，天必從之」者，是也。君主一方確應由神任命，然因人民既已爲神，則其由人民任命與由神任命，有同一之意義。良以人民之意志爲神之意志也。是則就儒教言，神之任命天子爲其大臣，不用宗教的神祕的方法，而常由人民之意志以任命之。是卽儒教之德謨克拉西。至對於此原理，以卓越千古之雄辯，明白解說之者，則孟子也。儒教德謨克拉西之實現，換言之，卽神由人民之意志以任命君主；據孟子言，其方法有三。

（甲）第一，爲堯舜時代政治上所表現之皇位授受方法，天以天下授與才德優秀者，是也。『萬章問孟子曰：堯以天下與舜，有諸？孟子曰：否，天子不能以天下與人。然則舜有天下也，孰與之？曰：天與之。曰：天與之者，諄諄然命之乎？』（孟子，萬章）問題至此，極關緊要。蓋萬章以儒教天之性質，向其師孟子而質問曰：『諄諄然命之乎？』是即問儒教之神，果如猶太教基督教之對於人民直接啓示之乎？由神直接命令之乎？亦即問儒教是否宗教也。孟子答以儒教之天，非宗教之神，乃哲學之神；其對人表示意志，不用啓示，而以其所造之物爲中間人。故『孟子曰：否，天不言，以行與事示之而已矣。曰：以行與事示之者，如之何？曰：天子能薦人於天，不能使天與之天下，諸侯能薦人於天子，不能使天子與之諸侯（諸侯之位，）大夫能薦人於諸侯，不能使諸侯與之大夫（大夫之位；）昔者堯薦舜於天，而天受之，暴之於民，而民受之，故曰：天不言，以行與事示之而已矣。曰：敢問薦之於天，而民受之，如何？曰：使之主祭，而百神享之，是天受之，使之主事，而事治，百姓安之，是民受之也。天與之，人與之，故曰：天子不能以天下與人。』（孟子萬章上）此言天子之位，爲天民兩方所授與惟天以人民之意志爲其意志耳。孟子更進而闡述「天與之，人與之，」之意義，切實說明中國之合理主義。於是言曰：『舜相堯二十有八載，非人之所能爲也，天也；堯崩，三年之喪畢，舜避堯之子於南河之南；天下諸侯朝覲者，不之堯之子而之舜，訟獄者不之堯之子而之舜，謳歌者不謳歌堯之子而謳歌舜，故曰天也；夫然後之中國，踐天子位焉。而居堯之宮，逼堯之子，是篡也，非天與也。大誓曰：「天視自我民視，天聽自我民聽，」此之謂也。』（孟子，萬章上。）

此所問答，說明堯舜政治所表現之皇位授受方法，全以人間之價值爲基礎，依適人適所之原則，以天下之有德者爲天子。

中國之合理主義，於此表現無遺；而此合理主義，達於公正觀念之極點。蓋君主羅致天下之人材以任官職，極其所至，則天子不自私其位，依適材置於適所之原則，不傳位於其子孫，而遜之於天下之有德者；如堯之遜位於舜是也。

亞理斯多德分公正之觀念爲二類，一爲交換的公正(Corrective Compensative or Commutative justice)，一則爲分配的公正(Distributive justice)。前者指物品交換，予以代價，或損害他人予以賠償而言；後者指對於勤勞，予以相當報酬而言。前者祇有物品間分量的平等，卽可樹立公正。後者則不僅物品，且對人亦須加考慮，卽依人格之價值，如德、才能、勤怠等，以定其報酬；此種公正，於分配物品之間，無所謂平等，惟於人材報酬之間，有比例之平等，才德高者多得報酬，才能低者少得報酬；故此種公正，乃公平而非平等，乃比例之均一，而非分量之均一。總之，公正觀念之發達，要卽表示理性之發達；堯舜時代之合理主義，卽此分配的公正之發達於最高程度者也。

尙書之堯典舜典，大部分記載以何人物任何職務，若皮相觀察之，似爲一種職員錄。然從道德上觀之，則爲孟子所謂「爲天下得人者謂之仁」（孟子滕文公上）之義，且可見聖人培養人材達於「野無遺賢」（尙書大禹謨）之程度。孟子更進而對於當時之人材，加以光彩之評論。（註三）爲天下得人，其事例之最著者，莫如堯捨己之子，而舉百姓之子以爲後繼者；所謂百姓之子，指舜而言。舜亦見其子不肖，而擢禹於其大臣之中，以天下讓之。以天下讓諸他人，未必相宜，惟能得天下之人材，斯足使中國之合理主義大放光輝。故孟子謂：『以天下與人易，爲天下得人

難。』（孟子滕文公上）

要之，堯舜之政治，在中國，殆爲理想的時代；其皇位授受方法，具有如下之五條件。

(一)舜由堯，禹由舜推薦於天，以爲適任之人物。是則以天子之意志決定皇位，是一重要的要素。孟子論之曰；『匹夫而有天下者，德必若舜禹，而又有天子薦之者，故仲尼不有天下。』（孟子，萬章上）蓋言：以孔子之德而不得爲天子者，因未得天子之推薦，故也。

(二)舜以其孝聞，禹以治水九年之功績聞。是則爲天子者，以才德爲重要條件。

(三)舜禹未爲天子前，多年爲宰相，試驗其手腕；舜爲相二十八年之久，禹爲相十七年之久。

(四)舜禹雖爲天子所推薦，然於先帝崩後，讓其位於先帝之親子，而不輕易受之，以示其謙德。

(五)諸侯人民，悉屬望於舜禹；是卽由一種選舉，以擇天子之適任人物也。

具備此五條件，匹夫始得卽天子之位；此五條件，要皆爲合理的，至少不含迷信的神祕的要素，此其特徵也。

（乙）皇位繼承之第二方法，爲血族繼承。驟見之，殆將以爲才德者之登位爲合理的，而血族的繼承則似爲尊重自然而反對合理主義者。然此爲皮相的見解，當禹不傳位於其子而傳於益（其大臣）之際，人民則反對之而擇啓爲天子。此種選舉法，與前者相等，乃適合於民意（卽天意）者；故其爲民主的合理的。何則，理性人由人民而表現故也。孟子說明之如下：「萬章問曰：人有言至於禹而德衰，不傳於賢而傳於子，有諸？孟子曰：否，不然也。天與賢則與賢，天與子則與子；昔者舜薦禹於天，十有七年，舜崩，三年之喪畢，禹避舜之子於陽城，天下之民從之，若堯崩之後不從堯之子而從舜也；禹薦益於天七年，禹崩，三年之喪畢，益避禹之子於箕山之陰，朝覲訟獄者不之益而之啓，曰：吾君之子也，謳歌者不謳歌益而謳歌啓，曰：吾君之子也。丹朱之不肖，舜之子亦不肖，舜之相堯，禹之相舜也，歷年多，施澤於民久，啓賢能敬承繼禹之道，益之相禹也，歷年少，施澤於民未久；舜禹益相去久遠，其子之賢不肖，皆天也，非人之所能爲也；莫之爲而爲者，天也，莫之致而至者，命也。」（孟子，萬章上）此言皇位繼承法，出於天意民意，仍不失爲合理的。孔子所謂「唐虞禪，夏后殷周繼，其義一也，」（孟子，萬章上）殆卽此意。

（丙）皇位授受之第三方法，則出於革命。如商湯之誅夏桀，周武之伐殷紂，卽因代天誅伐暴君，而後得爲天子也。其非常手段亦不失爲合理的。孟子曰：『繼世而有天下，天之所廢，必若桀紂者也。』（孟子，萬章上）然此固須具備如下之三條件也。

（一）人民對於暴君之虐政，不堪其虐，而表現企求解放之欲望。如尙書所載，夏桀殷紂之時，人民皆明白表示如此之欲望。蓋湯誓作於商湯討伐夏桀之時，其中記載當時人民之怨言云：『我后（桀王指）不恤我衆，舍我穡事（農事）而割正夏（割正卽云虐政。）』又「泰誓」作於周武討伐殷紂之時，亦載有自絕於天結怨於民』之語。至其民所怨爲何？則泰誓云：『今商王受，弗敬上天，降災下民，沈湎冒色，敢行暴虐。』此蓋言人民之苦於虐政，既爲事實，則殺其暴君，應視爲正當之事。換言之，暴君之虐政，終使人心離叛，則誅殺暴君，以順民意，是爲必要之事。孟子曰：『桀紂之失天下也，失其民也，失其民者，失其心也。』（孟子，離婁上）尙書泰誓曰：『撫我則后，虐我則讐。』皆言人心離叛，雖殺暴君，而天下不以爲弑君也。故曰：『聞誅一夫紂矣，未聞弑君也。』（孟子，梁惠王）

(二)英雄之誅伐暴君，確信係受自天之大命。湯之討桀，嘗作誓言曰：『天道福善禍淫，降災於夏，以彰厥罪，肆臺小子將天命明威，不敢赦。』（書湯誥）武王之滅紂，亦復如是，誓言曰：『皇天震怒，命我文考，肅將天威。』（書泰誓）此言誅伐暴君出自人民之希望，亦出自天之命令。不順從天命，則受天之譴罰；乃此等英雄之信念。『夏氏有罪，予畏上帝，不敢不正，』（書湯誓）此湯王之心事也。『商罪貫盈，天命誅之，予弗順天，厥罪惟鈞，』（書泰誓）此武王之自覺也。是則代天而誅暴君，其信念為一重要的要素。

(三)解放人民者，在受天使命誅伐暴君以前，其德及治績，必已足為適任人物。蓋解放人民之倒懸者，祇誅伐暴君，尚未完其使命，且必於討滅暴君以後，自卽帝位，不僅為名將，且須為名君。例如商湯起軍以前，以寬大之德聞於世，而有仁及禽獸之稱；（註四）周武則因其父文王之恩澤已普及天下，彼僅繼其遺志而討伐殷紂耳。尚書臯陶謨曰：『天命有德。』中庸曰：『大德者必受命也。』

此三條件，第一條件與第二條件平行，當然為同一條件。蓋衆望所歸者，同時天命歸之。儒教天民一致之觀念，於明君誅伐暴君之際，尤爲適用。易彖下傳云：『湯武革命，順乎天而應乎人。』言誅伐暴君，一方順乎天意，他方則合乎民望也。尚書召誥曰『欲王以小民受天永命。』言其能依小民之望，天遂以帝位付託之也。故曰：『皇天無親，惟德是輔，民心無常，惟惠之懷。』（書，蔡仲之命）意謂不論以天爲友方，或以民爲友方，要以德惠爲歸。若無德惠，則於天意民意離反，故君主畏天畏民，而尙書大禹謨有「四海困窮，天祿永終」之語。要之，誅伐暴君，以民意爲天意，是乃中國合理主義之表現，不失爲儒教之正當的傳統。惟以非常手段繼承君位，比之禪讓之方法，其價值較低一籌，自不待言。孔子嘗比較舜之樂(韶)與武王之樂(武)，而有如下之言。『子謂韶盡美矣，又盡善也，謂武盡美矣，未盡善也；』（論語，八佾）殆即此意。

第二節　君主之資格

神政治各端之共通點，在於以君主爲神之寵兒；惟因適合神意，且爲運命所定，故被選爲君主。於是君主之適當與否，（卽其資格）無大問題。反之，儒教則於君主之資格論，有重要意義。而此問題，與君主存在之理由有密切關係。吾人關於天子之意義，已舉述三種觀念。一皇帝爲神之地上代表者，二皇帝爲人神間之中間者，三皇帝爲地上人民之最良統治者是也。由此三種基本觀念，當然生出君主之三種資格。其一，皇帝爲神之地上代表者，故其姿態爲神之反映。其二，皇帝爲人神間之中間者，故其資格適合於神民之意。其三，皇帝爲地上之最良統治者，故其應爲帝國之最大人物。今於此三點，有詳加討論之必要。

（一）天子爲神之地上代表者，故其姿態應與神似。蓋與神之姿態相似者始獲選也。尚書大禹謨云：「都帝德廣運，乃聖乃神，乃武乃文，皇天眷命，奄有四海，爲天下君。」春秋繁露云：「德侔天地者稱皇帝，天佑而子之，號稱天子；故聖人生則稱天子。」據是而觀，可見天子之德知，與天類似。有此德知兩種資格，始稱聖人。聖人乃命運註定，可支配天下者。故孟子曰：「得百里之地而君之，皆能以朝諸侯，有天下。」（孟子，公孫丑上）是則德與知爲天子所必要之資格，故其於此資格，須努力具備之。若喪失此資格，則將失其天下。

要之，其天子之資格不外模倣上帝之德。尚書大甲云：「德惟治，否德亂，與治同道罔不與，與亂同事罔不亡，終始愼厥與；惟明明后，先王惟時，懋敬厥德，克配上帝；』即此意也。其所謂「德惟治，否德亂，」即儒教道德政治之根本原則也。

(二)皇帝爲天與民之中間者，故其資格須適合天民兩者之意，而其資格之適合兩者之意，仍在於德。尚書咸有一德云；『非天私我有商，惟天佑於一德，非商求於下民，惟民歸於一德。』殆即此意。要之，天視自我民視，天聽自我民聽；故天與民對於君主之資格，當然意見一致。然民之好德愛聖，在管子書中，描述無遺。其言曰：『丹青在山，民知而取之，美珠在淵，民知而取之；是以我有過爲，而民無過命，民之觀也察矣，不可遁逃。』（管子，小稱）此言民之於德，察見甚敏，百發百中。民常汲汲乎是，何也？君主以德爲必要；且社會之秩序，人民之幸福，皆懸於道德政治之可能與否；而道德政治，惟賴有德之君主而後得以實現也。

(三)國民最高之位，須由最大之人物所占。此當然爲中國人之信念，蓋其信人類行爲之善惡報應不爽也。天子之位，要即所以報大德者。中庸云：『故大德必得其位，必得其祿，必得其名，必得其壽；』（中庸，十七章）即此意也。而除此報應觀念外，別有實利的理由，即以有德之君主爲必要也。蓋君主係代神而支配天下者，故天付託最大人物以要職；其所選擇，當然在於被治者之利益。所謂「非其人而居其位，是謂亂天事，」其意，蓋言舉有德者爲天子，不僅爲人民之利益，且係天之絕對命令也。

自上述三種不同之基本原則出發，終達於同一之結論。德爲君主所必備之本質的資格，然何種之德爲君主所必備？茲更簡單論述之如次：

（一）人道之精神　神即爲愛，故其地上代表者之天子，當然須有仁德。仁之一字，書作二人，意即二人之關係。『樊遲問仁？子曰：愛人。』（論語，顏淵）中庸曰：『修道以仁，仁者人也。』（中庸，二十章）孟子曰：『仁也者，人也。』（孟子，盡心下）要之，所謂仁，乃人道之精神之謂；儒教之根本精神在於人道主義，其基本之德在於仁也。

孔子從道德方面論仁，孟子則從政治方面論仁。孔子以忠恕爲仁；所謂忠恕，即己所不欲，勿施於人（論語，衛靈公）之謂也。孟子謂：『三代之得天下也以仁，其失天下也以不仁，』（孟子，離婁上）且對於所謂仁，更下定義曰：『無傷也，是乃仁術也。』（孟子梁惠王上）當時戰國君主，徒爲擴張國土而戰爭；孟子之爲此言，蓋有激而發也。『梁襄王問孟子曰天下惡乎定？孟子對曰定於一。孰能一之？對曰不嗜殺人者能一之。』（孟子，梁惠王上）孟子不僅解仁，爲不傷人之消極的愛，更進而論及如何積極的謀人民之幸福；是卽其教化政策與社會政策也。（參照第七章）

仁爲君德，非依孔孟之說而然。大學曰：『爲人君止於仁，』又曰：『堯舜帥天下以仁而民從之。』且君主之仁德，表現爲寬大之政治，遂致儒教不好刑罰，而有德化之政治。卽於此點，與所謂刑名法術如商鞅韓非之學說，異其性質。尙書中，皐陶述舜寬大之德曰：『帝德罔愆，臨下以簡，御衆以寬，罰弗及嗣，賞延於世，宥過無大，刑故無小，罪疑惟輕，功疑惟重，與其殺不辜，寧失不經。』（書，大禹謨）中國歷代之名君，無不備有此德；如上述之商湯與周文，卽其例也。孟子嘗讚美文王之德曰：『老而無妻曰鰥，老而無夫曰寡，老而無子曰獨，幼而無父曰孤，此四者，天下之窮民而無告者；文王發政施仁，必先斯四者。』（孟子，梁惠王下）要之，君主有仁德之理想，終爲民之父母。故大學曰：『民之所好好之，民之所惡惡之，此之謂民之父母。』

（二）聰明　儒教之道德政治，爲哲人政治，言其理想，則初代之明君，須爲哲學者。尚書仲虺之誥曰：『嗚呼！惟天生民有欲，無主乃亂，惟天生聰明時乂。』又泰誓曰：『亶聰明，作元后，元后作民父母。』又說命曰：『嗚呼！知之曰明哲，明哲實作則，天子惟君萬邦，百官承式。』堯舜時代所以爲黃金時代者，實由於當時之君主大臣，（舜有大臣二十八人）悉可視爲哲學者。如虞書所載，當時君主與大臣之問答，實爲卓越之政治哲學。朱子謂伏羲，神農，黃帝，堯，舜，諸帝，悉聰明睿知，備有哲人之資格。至君主所以必須明知之原因，第一由於須教導人民，第二由於須察見臣下之才德，第三由於須善治天下。

要之，儒教之政治，僅爲合理主義之表現；其所以然者，由於其爲哲人政治，且由於其政治及道德之大系，以智居重要部分也。儒教正與蘇格拉底(Socrates)學說所產出希臘理想主義之道德相似，亦有主智主義的傾向。故孔子論好學，謂：『學而不思則罔，思而不學則殆。』（論語，爲政）中庸中子思舉列博學、審問、慎思、明辨、篤行五事，（中庸，二十章）以爲達到完全人格之方

法。大學則謂治國平天下之政治的道德，與治身之個人的道德，皆須由致之格物之知識的修養而出發。（註五）

(三)謙遜　孟子以仁義禮智爲四德，謂：『恭敬之心，禮之端也。』自今日考之，禮乃外形的儀文，而將致疑其於道德上何以有如是之須要。要知儒教之根本原理，在於上下兩階級互盡其義務。所謂互盡其義務，要卽尊敬其對手方；欲尊敬其對手方，則必先謙遜。中庸所謂：『居上不驕，爲下不倍，』（中庸二十六章）卽由於上下各自謙遜而上對下紆尊降貴，尤爲政治之要諦。易彖上傳云：『以貴下賤，大得民也，』論語子路篇云：『上好禮則民莫敢不敬，』皆此意也。謙德之於君主，尤占重要地位。依尙書所載，堯舜皆以謙遜聞。尙書堯典讚美堯之德曰：『允恭克讓，』又舜典讚美舜之德曰：『溫恭允塞。』孟子尤說明謙德之於治國平天下，所以極關重要之故。其言曰：『仁者愛人，有禮者敬人。愛人者人恆愛之，敬人者人恆敬之。』（孟子，離婁下）又說明君主有求賢於天下之必要，故有謙遜之必要。其言曰：『是故賢君必恭儉禮下。』（孟子，滕文公上）更引子思與繆公之例，說明君子以德則須事之，不可友之也。（註六）

要之，謙德在儒教中佔重要地位，而於政治上尤佔重要地位。是卽孔子所謂「上好禮則民易使也」之義。中庸有言：『是故君主篤恭而天下平，』亦卽此義。

（四）正義公平　著者嘗謂父之愛，爲個人的，君之愛爲團體的；然君主之正義，亦爲團體的。蓋君主分配其愛於人民，必須公平；此亞理斯多德之分配的公正所以大有功也。此種分配的公正，有三種表現君主之分配公正，須以尊賢爲事；中庸曰：『仁者人也，親親爲大，義者宜也，尊賢爲大。』（中庸三十三章）爲臣者須尊其君；孟子曰：『未有仁而遺其親者也，未有義而後其君者也。』（孟子，梁惠王上）就個人言，須敬長者；孟子曰：『及其長也，無不知敬其兄也，親親仁也，敬長義也。』（孟子，盡心上）

如此之分配的公正與交換的公正，同爲君主之所重。孟子曰：『殺一無罪，非仁也，非其所有而取之，非義也。』（孟子，盡心上）要之，君主須率人民以行正義與公平，正義與愛相較，不可謂非更團體的，更政治的。

以上四德，爲君主所當然具備者；君主爲天與民之中間者，則其當然結果，不得不具備此資格也。

(註一)天命玄鳥，降而生商，宅殷土芒芒。(詩，商頌玄鳥篇)

(註二)(甲)天之所助，謂之天子。(莊子，庚桑楚篇)

(乙)能養天之所生而勿攖之，謂之天子。(呂氏春秋，孟春紀本生篇)

(丙)德侔天地者稱皇帝，天佑而子之，號稱天子，故聖人生則稱天子。(春秋繁露，三代改制篇)

(丁)德侔天地者，皇天右而子之，號稱天子。(春秋繁露，順命篇)

(戊)天覆地載，謂之天子。(說苑，修文篇)

(己)天子者，繼天理物，改政一統，各得其宜，父天母地，以養萬民，至尊之號也。(易緯乾鑿度)

(庚)人主與日月同明，四時合信，故父天母地，兄日姊月。(後漢書，李固傳注)

(辛)或稱天子，或稱帝王，何以為？接上稱天子，明以爵事天也，接下稱帝王者，得號天下，至尊之稱，以號令臣下也。(白虎通，爵篇)

(壬)天王，諸夏之所稱，天下之所歸往，故稱天王；天子，夷狄之所稱，父天母地，故稱天子。(蔡邕獨斷)

(癸)天子，至尊之定名也，應神受命，爲天所子，故謂之天子。(太平御覽卷七十六)

(註三)有大人之事，有小人之事；且一人之身，而百工之所爲備，如必自爲而後用之，是率天下而路也。故曰：或勞心，或勞力，勞心者治人，勞力者治於人，治於人者食人，治人者食於人，天下之通義也。當堯之時，天下猶未平，洪水橫流，氾濫於天下，草木暢茂，禽獸繁殖，五穀五登，禽獸偪人，獸蹄鳥迹之道，交於中國；堯獨憂之，舉舜而敷治焉。舜使益掌火，益烈山澤而焚之，禽獸逃匿；禹疏九河，瀹濟漯而注諸海，決汝漢，排淮泗而注之江，然後中國可得食也。當是時也，禹八年於外，三過其門而不入，雖欲耕得乎？后稷教民稼穡，樹藝五穀，五穀熟而人民育。人之有道也，飽食煖衣，逸居而無教，則近於禽獸；聖人有憂之，使契爲司徒，教以人倫，父子有親，君臣有義，夫婦有別，長幼有序，朋友有信；放勳曰：勞之來之，匡之直之，輔之翼之，使自得之，又從而振德之；聖人之憂民如此，而暇耕乎？堯以不得舜爲己憂，舜以不得禹皋陶爲己憂。夫以百畝之不易爲己憂者，農夫也。分人以財謂之惠，教人以善謂之忠，爲天下得人者謂之仁；是故以天下與人易，爲天下得人難。孔子曰：大哉堯之爲君，惟天爲大，惟堯則之，蕩蕩乎民無能名焉；君哉舜也，巍巍乎有天下而不與焉。堯舜之治天下，豈無所用其心哉？亦不用於耕耳！(孟子，滕文公)

(註四)湯出見野張網四面，祝曰：自天下四方皆入吾網。湯曰：嘻，盡之矣！乃去其三面，祝曰：欲左左，欲右右，不用命乃入吾

網。諸侯聞之曰：湯德至矣，仁及禽獸。（史記，殷本紀）

（註五）欲誠其意者先致其知，致知在格物。（大學）

（註六）繆公亟見於子思曰，古千乘之國以友士，如何，子思不悅曰，古人有言，曰事之云乎，豈曰友之云乎，子思之不悅也，豈不曰以位，則子君也，我臣也，何敢與君友也，以德則子事我者也，奚可以與我友，（孟子，萬章下）

第七章　儒教之二大政務

儒教道德政治之特質，於此二大政務問題中，可以明白見之。故此節於儒教體系中，頗佔重要地位。吾人研究上帝之王國，知其目的在於圖人民之幸福，保社會之秩序。君主卽依此二使命，而爲神之地上代表者。由此二使命，生出二大政務，卽社會政策與教化，是也。社會政策在於予人民以物質之幸福，教化在於確保其精神的幸福。社會政策在於實現社會上分配的正義，故與秩序有關；教化在於涵養人類之理性，故有益於秩序之保持。

因此之故，儒教之哲學者，遂於國家之一切政務中，有對此二端特加重視之習慣。『子貢問政？子曰：足食，足兵，民信之矣。子貢曰：必不得已而去，於斯三者何先？曰：去兵。子貢曰：必不得已而去，於斯二者何先？曰：去食，自古皆有死，民無信不立。』（論語，顏淵）就孔子之所答，可見孔子對於足食與使民信之，認爲重於軍備。而就此兩大政務之發達順序言之，古代君主如伏羲，神農，黃帝等，皆先致力於社會政策，以救人民之物質的缺乏。（註一）至堯舜以後，始用心於教化。（註二）此就社會進化言之，當然如是，蓋人先求衣食之道，而後及於道德。故管子曰：『倉廩實而知禮節，衣食足而知榮辱。』（管子牧民篇）孔子關於此二政務之緩急，亦具同一之意見。孔子適衛，冉有僕。孔子見其人口之繁殖，於是言曰：『庶矣哉！冉有問曰：既庶矣，又何加焉？曰：富之。曰：既富矣，又何加焉？曰：教之。』（論語子路）是卽以社會政策爲教化之準備也。至孟子對此準備，更有明白之意識，謂『富歲子弟多賴，凶歲子弟多暴；』（孟子告子）蓋以爲前者易教化也。孟子以爲物質的生活，對於精神的生活影響甚大，故以有恆產爲有恆心之先決條件。其言曰：『無恆產而有恆心者惟士爲能，若民則無恆產，因無恆心。』（孟子，梁惠王上）

孟子此說，蓋祗言此兩大政務，實際上孰應先行，而不論兩者之中，孰爲重大。物質的必要，當然爲人所急須，故社會政策居於教化之前。然不能因此卽謂前者視後者爲重大也。如上所舉子貢與孔子之問答，所謂「自古皆有死，民無信不立」意卽言社會政策，無教化則不能行，換言之，無教化則民無信，而社會因之無秩序也。要之，教化較諸社會政策，更有重大之意義。著者本此理由，先論教化，然後轉入社會政策。

第一節　教化

如尚書所謂「天生民有欲，無主則亂，惟天生聰明，時乂，」之說，可見天爲謀社會之秩序而任命君主。然君主之存在，不僅應於政治上支配人民，且應於道德上教化之卽不僅爲帝王，且爲教師也。尚書泰誓曰：『天佑下民作之君，作之師，惟其克相上帝寵綏四方。』故天子有教化人民之職能。

然上帝何以特選君主爲教師？僧侶，學者與家長，豈非爲教化之目的而存在者？君主常因其特殊地位而易致腐敗，顧何以獨選君主爲教化人民之教師？此因中國人以爲不賴明君之感化，則人民不易匡正之故。尚書太甲有言：『民非后罔克胥匡以生，』此之謂也，然何以有德君主之感化較善良僧侶之感化爲有效？則因社會之下層階級常有模倣上層階級之必然傾向。故孟子謂：『上有好者，下必有甚焉者矣。』（孟子，滕文公上）孔子以草喻民，以風喩君。其言曰：『子欲

善而民善矣君子之德風也，小人之德草也草上之風必偃。』（論語，顏淵）

人民之精神，受君主之感化至於如是之深，究出於何力？曰：權力是也。中國人根本爲政治的人民。其一切生活，吸收於國家之中，是乃其國民性也。故社會生活之無權力，於彼等爲空想；彼等之社會，悉由上下之關係（優者與劣者之關係）而組成，非於個人間有平等之關係也。故彼等之道德，係依權力之原理而組織。若將此權力關係之見地，與其他道德體系比較觀之，則可見儒教一方與刑名法術之學對立，他方與基督教對立。

(一)刑名法術之學與儒教

刑名法術論之心理的根據，在於荀子之性惡說。荀子曰：『人生而有欲，欲而不得則不能無求，求而無度量分界，則不能無爭，爭則亂，亂則窮；先王惡其亂也，故制禮義以分之，以養人之欲，給人之求。』（荀子，禮論）蓋荀子以人類爲私欲之動物，具有終必爭奪之必然性。霍布斯(Hobbes)之性惡論與之相同。韓非子亦爲性惡論者，其說出自荀子。韓非子曰：『夫民之性，惡勞而樂佚，佚則荒，荒則不治，不治則亂。』（韓非子，心度）此種性惡說，與儒教相反，尤與孟子之性善說，絕對相反。而因其心理觀之不同，遂致其政治觀亦正相反對。

凡性善說皆有歸著於政治的自由論之傾向，凡性惡說皆有歸著於專制主義之傾向。柏拉圖以爲人類有恆久之矛盾；理性爲征服物欲惡戰苦鬬，惟得勇氣之助，始達其目的。此爲一種性惡論。國家之制度亦與之同，以哲學者代表理性，以勞動者代表物欲，於此兩者之間，則有軍人以代表勇氣。柏氏所著之「理想國」即係企謀此三階級之調和者。如是產生之理想國，實行共產主義，與妻子國有制度，而爲一種知識的貴族政治，哲人專制政治。亞理斯多德則與柏氏相反，謂人類有自然的社會性，尚友愛，重組合；國家爲最大之組合，理想的政治係自由平等市民所成立之德謨克拉西。亞氏之說，盡由性善說出發，而歸結於自由論者。

其次，霍布斯與陸克（Locke）之說，有同樣之對照。霍布斯謂人類爲私欲之動物，自然狀態爲一切對一切之戰爭；欲廢止此種戰爭狀態，須將各人之權利全部讓渡於社會，締造絕對專制之國家。陸克則以爲人類之自然狀態，和平而非戰爭；惟於和平狀態中，個人相互之間，不免或依暴力，或依狡滑侵害他人之權利；此等權利侵害者有取締之必要，於是各人依契約締造社會，而以各人之處罰權委任之。如是成立之國家，僅對於侵害各人之權利者有取締之權力，是卽司法的國家或法治國。陸氏由性善說出發而歸結於政治的自由論；霍氏則由性惡說出發而歸結於專制政治論，二氏之說正相反對。

復次，海格爾(Hegel)與盧梭(Rousseau)之說，亦有同樣之對照。海格爾謂：人類之性惡，社會爲私欲相爭之場，故國家爲理性具體的表現之所，必以強大之權力支配之。反之，盧梭則視人類之性不惡，而以原始狀態爲自由平等之無政府共產社會；於是謂：欲將此種自然狀態，返還於今日之社會，則其所締造之社會契約，不可謂非對於自由與平等盡力保存者也。

如上所述，性惡論者常歸結於專制主義，性善論者常歸結於自由主義，於是顯出有趣味之對照。（卽刑名法術論與儒教王道論之對照）蓋韓非子謂：民性惡，以德教化之非常困難，不如帥之以力之爲易。其言曰：『民者固服於勢，寡能懷於義；仲尼，天下聖人也，修行明道以遊海內，海內說其仁，美其義，而爲服役者七十人，而爲仁義者一人。』（韓非子，五蠹）此言仁義之效果如是之少也。反之，以權力臨民，嚴賞罰而號令之，則治天下易如反掌。故其言曰：『賞罰使天下行之，令曰：中程者賞，弗中程者誅；令朝至暮變，暮至朝變，十日而海內畢矣，奚待期年？』（韓非子）又曰：『處勢而令下者，庸主之所易也；將治天下，釋庸主之所易，道堯舜之所難，未可與爲政也。』（韓非子，難一）就如此論法，可見韓非子重法律，主張絕對專制主義。韓非子謂重罪可寬，輕罪宜嚴，蓋輕罪易犯，重罪難犯故也。又主張信賞必罰主義，其言曰：『明主之所導制其臣者，二柄而已矣；二柄者，刑德也，何曰刑德？曰殺戮謂之刑，慶賞之謂德；爲人臣者，畏誅罰而利慶賞，故人主自用其刑德，則羣臣畏其威而歸其利矣。』（韓非子，二柄上）於是主張君主之權力應大而不應聽從民意；其言曰：『夫虎之所以能服狗者，爪牙也；使虎釋其爪牙，而使狗用之，則虎反服於狗矣；人主者，以刑德制臣者也；今君人者，釋其刑德而使臣用之，則君反制於臣矣。』（韓非子，二柄上）是則刑名法術主義，因勵行信賞必罰，故主張絕對專制主義也。

反之，儒教於其心理觀上，與刑名法術主義相反。孟子之性善說，唱道人類爲社會的動物，尤與荀子之性惡說相反。故儒教之見解，以爲人類無受權力壓制之必要，縱不加以強制，民亦自成社會。故人民惟可以德教化之，而不可以刑罰壓制之。孔子之言曰：『道之以政，齊之以刑，民免而

無恥；道之以德，齊之以禮，有恥且格。』（論語，爲政）

儒教更以爲刑罰不僅無益而且有害。『昔先王議事以制，不爲刑避，懼民之有爭心也。』（左傳，昭公）可見刑罰增民之爭心故以不用刑罰爲理想。昔舜『四罪而天下咸服。』（書，舜典）可見刑罪使用之稀。刑罰之目的，在於無刑罰之必要。故尙書大禹謨云：『刑期於無刑。』皐陶曰：『帝德罔愆臨下以簡，御衆以寬罰不及嗣，賞延於世，宥過無大，刑故無小，罪疑惟輕，功疑惟重，與其殺不辜，寧失不經。』（書，大禹謨）故省刑輕罰，爲儒教之精神；孔子之不好用死刑，非不可思議之事。子曰：『子爲政，焉用殺？子欲善，而民善矣。』（論語，顏淵）就孔子之言觀之，可見儒教之理想，不僅在於省刑罰，且在於施善政，行仁義，以德化民，不用強制而人民自服。故孟子曰：『以力服人者，非心服也，力不贍也；以德服人者，中心悅而誠服也，如七十子之服孔子也。』（孟子，公孫丑上）性善說之結果，歸結於自由政治論，自屬當然，是之謂王道主義。

要之，儒教雖無自由之文字，然以自由之政治爲理想。反之，刑名法術主義，則從性惡說出發，而爲法治的專制主義。秦孝公時，任用商鞅，遂採取法治的專制主義；荀子之弟子李斯相秦，更極端實行此種主義；迨秦始皇時，遂成爲非常的專制主義。此學派以儒教爲正面之敵，遂焚燬經書，坑殺儒者。於以見儒教之寬大德化的自由政治與刑名法術之學說大相反對也。

（二）基督教與儒教

基督教之使人改宗，於其純粹之形式上，無憑藉權力之必要。神以己之姿態創造人類，而予之以完全的自由使其信己而決不用強制。蓋神常以愛示人而吸引之也。基督教之贖罪論，卽記述天父對地上之子，如何苦心孤詣引致之於己之膝下者。於是基督教有宗教與政權之分，卽個人之內部的完成，與社會之秩序全然分離也。

儒教則於此點，全與基督教相反，而以爲政權乃教化人民之有效方法。人民之本性，卽尊敬君主。故君主之所好，人民亦從而效之。蓋君主之地位，俯瞰社會者也。中國人所謂「帝光天之下」（書益稷）者，意卽以君主爲照世之光也。故教化天下，爲儒教聖人之理想。是乃由儒教神學而來之當然結果。天爲宇宙之君主，故以有德之君主爲地上之代表者，使其予人類以團體的教化。反之，基督教之神，爲人類之父，故予之以個人的救助。前者須權力，後者則不須之；此兩者之第一差別也。

儒教以權力爲教化人民之有效方法，蓋認君主具有權力，始得於現世予各個人以適當之地位故也。換言之，視各人之價値，使各得其所，而後能報德匡罪也。反之，基督教之賞罰，則行於來世而不行於現世。此兩者之第二差別也。

基督教之改宗，在於表示神之愛以啓發人類之靈性；故其神之感化，寧爲感情的。反之，儒教之教化，則爲理性之活動；聖人之教人，在於啓發人性中所備之道，而非由啓示教以由天而來之道德。基督教用力於自神而來之靈的感化，儒教則用力於人類內部理性之啓發。前者爲宗教，後者爲哲學。要之，儒教之教化，其特質爲主智的。此兩者之第三差別也。

儒教之教化，固然行於學校，且國家卽爲一大學校，天子自身爲教師之首長。其教化之特質，可自三方面觀察之。

(一)儒教之教化，方法有二；一爲境遇之感化，一則爲理性之啓發。第一方法，爲經驗的性質，使人類依習慣而道德化。第二方法，爲合理的性質，闡明理性以完成人格。前者爲外部的方法，後者爲內部的方法。亞理斯多德嘗謂：可使人類善良而且有德者，厥有三事；一天性，二習慣，三理性，是也。三者之中除天性外其餘二者，與儒教之方法相同，是亦不可思議者也。

儒教之聖人，大率認習慣之於人關係重大。孔子謂：『性相近也，習相遠也。』（論語，陽貨）蓋言人類之性質，大概相同，習慣之善惡，環境之善惡，（習慣來自風習，風習造成人之社會的環境）爲賢不肖所由成之原因。孟子亦以谿谷喻人之心，謂：『山徑之谿間，介然用之而成路，爲間不用，則茅塞之矣。』（孟子，盡心下，）其以路譬人之道，蓋言道因習慣而得，因怠惰而失也。孟子以習慣與環境等視，而認爲非常重大者。孟母三遷之教，畢竟使孟子成學。荀子亦言：『蓬生麻中，不扶而直，白砂在泥與之俱黑，（中略）故君子居必擇鄉，遊必就士，所以防邪辟而近中正也。』（荀子，勸學篇）要之，儒教重視環境之重要，謂國家足以造成環境之重要部分，故利用政治的權力，以達教化之目的。

教化之方法，其用習慣者，乃所以使人民德化也。所謂習慣，全出於模倣，係在無意識中，重復爲之；因其易於實行，故可用以教化人民。然此方法，常不能由理解行之，故用於有知識者，則效果不大。孟子曰：『行之而不著焉，習矣而不察焉，終身由之而不知其道者衆也。』（孟子，盡心上）此之謂也。

故教化之施於有知識者，除環境之感化以外，更須有賴於理性之啓發。理性爲人所自具者，依中庸之言可以見之。惟理性爲內外之障害所蔽，祛其蔽而使之復明，是卽教化之事業。故孟子曰：『學問之道無他，求其放心而已矣。』（孟子，告子上）至言理性由何而啓發，則中庸所謂博學、審問、愼思、明辯、篤行、是也。此爲孔子之主智的道德；孔子之如何好學，可於此消息之。孔子論學之重要，就如下之言，可以見之。子曰：『由也，女聞六言六蔽矣乎？對曰：未也；居，吾語女！好仁不好學，其蔽也愚，好知不好學，其蔽也蕩，好信不好學，其蔽也賊，好直不好學。其蔽也絞，好勇不好學，其蔽也亂，好剛不好學，其蔽也狂。』（論語，陽貨）是則孔子之主智主義，爲其道德之根柢。教化之施於有知識者，一言以蔽之，要卽由學以啓發理性也。(註三)

(二)環境之感化與理性之啓發，旣爲教化之二方法，則君主在教化上之地位，非常重大。蓋其一方爲人民之主要環境之一，他方則負有啓發人民理性之責也。

君主之行爲，影響及於人民。故其地位爲人民瞻仰之中心。詩曰：『赫赫師尹，民具爾瞻。』師尹（三公之一）尚且如是，則君主之行動，其影響於善惡也絕大。故其一切行動，須皆完善。大戴禮主言曰：『上者民之表也，表正則何物不正。』尚書咸有一德曰：『一人元良，萬邦以貞。』孔季康子問政，孔子答曰：『政者正也，子帥以正，孰敢不正？』（論語，顏淵）大學曰：『堯舜帥天下以仁而民從之，桀紂帥天下以暴而民從之。』孟子亦曰：『君仁莫不仁，君義莫不義。』（孟子，離婁）左傳曰：『匹夫爲善，民猶則之，況國君乎？』凡此，皆對君主之感化力而言。至謂不僅行動能感化人民，且上之所好下必好之者，則孟子之心理觀也。孔子之見解亦同，『季康子患盜，問於孔子，孔子對曰：『苟子之不欲，雖賞之不竊。』（論語，顏淵）君主之命令，無論如何峻烈，若其命令與其所好相矛盾，則人民甯從後者而不從前者。大學曰：『其所令反其所好，而民不從。』

故君主須以身作則，爲人民之模範。此爲教化人民最有效之方法。君主之行動，爲造成人民環境之主要的要素。中庸曰：『是故君子不賞而民勸，不怒而民威於鈇鉞；（中略）是故君子篤恭而天下平，詩云：予懷明德，不大聲以色，子曰：聲色之於以化民，末也。』（中庸，三十三章）此言君主之人格能化民於不知不覺中也。

是則君主之感化，意卽對下民之教化。又君主對於有知識者，須負理性啓發之責。儒教之理想，君主原爲哲人，爲聖賢，故君主當然有此使命。朱子謂：『一有聰明睿智能盡其性者出於其間，則天必命之以爲億兆之君師，使之治而教之，以復其性。』（大學章句序）蓋言君主有爲君師之職能也。孟子以如此之哲人爲先知先覺者，而對於君主理性啓發之任，視爲重要。故曰：『天之生斯民也，使先知覺後知，使先覺覺後覺也。』（孟子，萬章上）

（三）君主之感化，僅憑理性之啓發，尙不足盡其能事。更須有一種設備以行教化，卽學校是也。舜之時，已有學校，三代之時，漸有大學小學之別。禮學記曰：『古之教者，家有塾，黨有庠，術有序，國有學。』鄭玄解之曰：『五百家爲黨，一萬二千五百家爲術。』大學一篇，卽論大學之教，朱子論大學小學之區別曰：『小學教之以事，大學教之以理。』要之，三千年前之古中國，已具備教育機關；於以見教化佔政務之重要部分也。

（四）教化爲儒教國家之基本的政務，其所教之科學藝術，當然皆帶有實踐的色彩。故於中國，不知爲科學而有科學，亦不知爲藝術而有藝術。其科學藝術，多少用爲道德及政治之手段。試觀儒教之經典，尙書雖爲歷史教科書，但亦論究治國平天下之原理。（註四）

詩經之爲物，集中國古代之俗謠及朝廷祭典祝賀所用之詩歌而成；而孔子則曰：「詩三百，一言以蔽之曰思無邪。」（論語，爲政）故孔子刪訂之，以爲教化之用。

易之爲物，係伏羲對於萬有作實證的觀察，以數學的方式表現之而成；故爲一種科學的數理的文化源始。然其後用爲占卜術，君主爲政，以之決疑。

春秋，係孔子按年代記載當時之事而成。然孔子自言；「我志在春秋，」顯見春秋之作，乃所以評論當時之時事者。孟子曰：「世衰道微，邪說暴行有作，臣弑其君者有之，子弑其父者有之，孔子懼，作春秋。春秋，天子之事也，是故孔子曰：知我者其惟春秋乎?罪我者其惟春秋乎?」又曰「孔子作春秋，而亂臣賊子懼。」（孟子，滕文公下）是則所謂春秋，要卽勸善懲惡之實踐的批判也。

至言禮樂，則孔子曰「移風易俗，莫善於樂，安上治民，莫善於禮。」（孝經，廣要道）是亦教化之機關也。柏拉圖亦謂音樂有裨於教育。東西聖哲，其思想竟爾符合。要之，中國之科學藝術，不可謂非皆有治天下保秩序之實踐的目的者。以上五經，乃儒教化之經典也。

教化爲國家之目的，故必以賞罰督勵人民之道德；其結果，對於不道德者，則加以制裁。孝經五刑云：『五刑之屬三千，而罪莫大於不孝。』因此，道德遂與法律相混，亦當然之結果也。

要之，教化爲政務之重要部分，尤以君主之德爲其中心。故欲教化天下，先須教化君主；此種思想乃自然發生者。孔孟生當春秋戰國之亂世，所以歷訪天下之諸侯者，卽爲此故。孟子曰：『人不足與適也，政不足間也；惟大人能格君心之非，君仁莫不仁，君義莫不義，君正莫不正，一正君而國定矣。』（孟子，離婁）殆卽此意。而啓蒙專制主義之哲學者福爾特耳（Voltaire），亦謂：『時在今日，一如路德（Luther）與喀爾文（Calvin）時代，有革命之必要，惟所必要者，在於革爲政者之心耳。』東西思想，蓋相符合也。

第二節　社會政策

儒教之天爲愛，故謀人民之幸福。然其愛乃君主之愛，而非如基督教之爲神父之愛。何則，天爲上帝，爲宇宙之主宰者故也。父之愛爲個人的，君主之愛則爲團體的。天子爲天之地上代表者，故須愛其人民。然其愛爲個人的而非團體的，故天子之恩惠，非如基督教之所謂慈善也。慈善基於憐憫之感情，常有陷於不公平之虞。君主之恩惠，則須基於正義之感情，於人民之間有公平之分配；而決不許君主逞其意氣，雜以不規則之好惡心。故須規定以一定之制度；換言之，卽實現社會政策也。

孟子爲說明此事，嘗有一段插話如下：『子產聽鄭國之政，以其乘輿濟人於溱洧（河名），孟子曰：惠而不知爲政；（中略）君子平其政，行辟人可也，焉得人人而濟之？故爲政者每人而悅之，日亦不足矣。』（孟子，離婁）恩惠應對於團體公平行施，是卽社會政策之特質也。

歐洲之以救貧爲政府事務之一部，始自比較的最近；於英國，蓋始自依利薩伯(Elizabeth)時。然其要不過視爲慈善，至若眞實之社會政策，則至十八世紀始有啓蒙專制主義之學者起而主張之。例如來布尼茲(Leibnitz)主張國家之強制保險，倭爾夫(Wolf)宣言勞動之權利，何爾巴哈(Holbach)倡言國民工場之設立；腓特烈(Frederick)大王則對於此等提議，有相當實行。俾士麥(Bismark)以國家社會主義，實行社會政策，而繼承普魯士之傳統與腓特烈大王之事業。然則儒教社會政策之觀念，殆有影響於其間也。(此當於另篇討論之)

儒教之社會政策，由上帝養萬物之觀念而出發。『天地養萬物，聖人養賢以及萬民，』(易，彖上傳)天養萬物，故天子亦須養人民。尚書大禹謨曰：『德惟善政，政在養民，水火金木土穀，惟修正德利用厚生惟和。』所謂食，屬於儒教行政之重要部分。故洪範之八政，以食居首也。(註五)

儒教之哲人，其中倡道社會政策最力者，孟子也。其說自「無恆產則無恆心」之原則出發，對於當時之君主，攻擊極烈。其言曰：『庖有肥肉，廐有肥馬，民有飢色，野有餓莩，此率獸而食人也；獸相食，且人惡之，爲民父母，行政不免於率獸而食人，惡在其爲民父母也？(孟子，梁惠王)孟子以人道主義，攻擊君主之利己主義，一步不讓。

孟子更進一步，對君主倡道與民共苦樂，謂當時諸侯欲統一天下，惟施行仁政爲唯一方法。故曰：『樂民之樂者，民亦樂其樂；憂民之憂者，民亦憂其憂。樂以天下，憂以天下，然而不王者，未之有也。』(孟子，梁惠王)

大學云：『民之所好好之，民之所惡惡之，此之謂民之父母。』論語，顏淵篇云：『百姓足，君孰與不足；百姓不足，君孰與足。』孟子之社會政策，卽基於大學所言之精神，而以論語所言爲準則，制定人民之財產者也。

孟子不獨主張對於農民予以物質上之安慰，且主張仁政施及於萬民。故曰：『今王發政施仁，使天下仕者皆欲立於王之朝，耕者皆欲耕於王之野，商賈皆欲藏於王之市，行旅皆欲出於王之塗，天下之欲疾其君者，皆欲赴愬於王。』（孟子，梁惠王）然孟子之社會政策，其最著者，在於與農民有益之井田法也。

井田法爲中國原始共產主義之遺制，據通典所載，井田制度始於黃帝之時。此說眞僞係另一問題，以言此制度之概略，則係廣九百畝之四方土地，畫分井字，成爲九等分，卽囲形。其周圍八部分，各百畝，分與八家。中央之百畝，以二十畝爲八家住屋之用，餘八十畝由八家共同耕作，視爲租稅，以納於國家。是之謂井田法。

夏代之分配，一家五十畝，殷代之分配，一家七十畝。（孟子，滕文公上）迨至孟子時代，井田制度，頗見廢弛，故孟子主張回復舊制度；惟略加以變更，例如講養魚，倡農林，獎蠶桑，勸牧畜，設學校之類是也。孟子之言曰：『不違農時，穀不可勝食也，數罟不入洿池，魚鼈不可勝食也，斧斤以時入山林，材木不可勝用也。穀與魚鼈不可勝食，材木不可勝用，是使民養生喪死無憾也；養生喪死無憾，王道之始也。五畝之宅，樹之以桑，五十者可以衣帛矣；鷄豚狗彘之畜，無失其時，七十者可以食肉矣；百畝之田，勿奪其時，八口之家可以無飢矣；謹庠序之教，申之以孝悌之義，頒白者不負戴於道路矣。七十者衣帛食肉，黎民不飢不寒，然而不王者，未之有也。』（孟子，梁惠王）孟子更進而使此井田之八家，互以連帶之精神相扶攜，以謀社會之平和。故曰：『鄉田同井，出入相友，守望相助，疾病相扶持，則百姓親睦。』（孟子，滕文公）

儒教在此社會政策以外，亦非全然不言慈善者；如周禮所述，對於人民，應予以六種安慰。其言曰：『大司徒以保息六養萬民，一曰慈幼，二曰養老，三曰振窮，四曰恤貧，五曰寬疾，六曰安富。』

要之，人民之物質的幸福，爲儒教政府之重要目的。其於此點，與啓蒙專制主義甚爲類似。例如，倭爾夫對於所謂國家之目的，予以定義曰：『國家之一般幸福，在於使人生所必要而足資快樂之一切物品得以豐足，而對於外界之一切攻擊得以防避。是卽國家之目的。」故依社會之必要以分配職業，依權力以定社會的經濟的秩序，是乃國家之政務。儒教卽於此點，與啓蒙專制主義有不可思議之類似。

（註一）古者包犧氏之王天下也，仰則觀象於天，俯則觀法於地，觀鳥獸之文與地之宜。近取諸身，遠取諸物，於是始作八卦，以通神明之德，以類萬物之情，作結繩而爲網罟，以佃以漁，蓋取諸離。庖犧氏沒，神農氏作，斲木爲耜，揉木爲耒，耨之利，以教天下，蓋取諸益。日中爲市，致天下之民，聚天下之貨，交易而退，各得其所，蓋取諸噬嗑。神農氏沒，黃帝，堯舜氏作，通其變使民不倦，神而化之，使民宜之。易窮則變，變則通，通則久，是以自天祐之，吉无不利。黃帝堯舜垂衣裳而天下治，蓋取諸乾坤。刳木爲舟，剡木爲楫，舟楫之利，以濟不通，致遠以利天下，蓋取諸渙。服牛乘馬，引重致遠，以利天下，蓋取諸隨。重門擊柝，以待暴客，蓋取諸豫。斷木爲杵，掘地爲臼，臼杵之利，萬民以濟，蓋取諸小過。弦木爲弧，剡木爲矢，弧矢之利，以威天下，蓋取諸睽。上古穴居而野處，後世聖人易之以宮室，上棟下宇，以待風雨，蓋取諸大壯。古之葬者，厚衣之以薪，葬之中野，不封不樹，喪期无數；後世聖人，易之以棺槨，蓋取諸大過。上古結繩而治，後世聖人易之以書契，百官以治，萬民以察，蓋取諸夬。（易繫辭下）

（註二）（甲）舜曰：契，百姓不親，五品不馴，汝爲司徒，敬敷五教在寬。（尚書舜典）

（乙）舉八元，使布五教於四方，父義，母慈，兄友，弟恭，子孝，內平外成。（史記，五帝本紀）

（丙）使契爲司徒，教以入倫，父子有親，君臣有義，夫婦有別，長幼有序，朋友有信。（孟子，滕文公）

（註三）（甲）學而時習之。（論語，學而）

（乙）子曰：溫故而知新，可以爲師矣。（論語，爲政）

（丙）子貢問曰，孔文子何以謂之文也？子曰：敏而好學，不恥下問，是以謂之文也。（論語，公冶長）

（丁）子曰：十室之邑，必有忠信，如丘者焉，不如丘之好學也。（論語，雍也）

（戊）子曰：德之不修，學之不講，聞義不能徙，不善不能改，是吾憂也。（論語，述而）

（己）子曰：我非生而知之者，好古敏以求之者也。（論語，述而）

（庚）達巷黨人曰：大哉孔子，博學而無所成名。（論語，子罕）

（辛）子曰：吾嘗終日不食，終夜不寢以思，無益，不如學也。（論語，衞靈公）

（註四）先君孔子生於周末，覩史籍之煩文，懼覽之者不一，遂乃定禮樂，明舊章，刪詩爲三百篇，約史記，而修春秋，讚易道以黜八索，述職方以除九丘；討論墳典，斷自唐虞以下，訖於周，芟夷煩亂，剪截浮辭，舉其宏綱，撮其機要，足以垂世立教，典謨訓誥誓命之文，凡百篇，所以恢弘至道，示人主以軌範也。帝王之制，坦然明白，可舉而行，三千之徒，並受其義。（尚書，序）

（註五）三八政，一曰食，二曰貨，三曰祀，四曰司空，五曰司徒，六曰司寇，七曰賓，八曰師。（書經，洪範）

（註六）方里而井，井九百畝，其中爲公田。八家皆私百畝，同養公田，公事畢，然後敢治私事，所以別野人也；此其大略也。（孟子，滕文公）

第八章　儒教之社會組織

第一節　位階關係之支配原理

歐洲人士，將社會（society）與國家（state）作爲二元，已成習慣。德人大率以社會與國家對立，故謂：社會爲利己心所支配之爭鬭場，國家則爲理性所支配之所。英人稱國家爲全體社會，（community），創定最包括的自足自給之社會單位，與之對立者，則爲具有特別目的之結社（association）；國家之存在，視爲結社之一種，卽政治的結社。故全體社會，有時包含地域上之國家，（此就人類與民族而言）有時又視國家較狹。（此就都市與家族而言）法人則對於國家、家族、及其他結社，皆視爲社會之種類。

反之，儒教則不許有此國家與社會之二元論，寗以爲國家，吸收一切社會，無國家則個人與家族卽不存在。蓋可斷言：儒教若有社會，則其本質上爲政治的，而個人與結社無不含有政治的性質。亞理斯多德之社會觀，頗與儒教之社會觀相似。據亞氏所見，國家顯然亦爲結社（Association）。其言曰：『一切結社，以造成某種之善爲目的，蓋人若不以其所視爲善者爲目的，則不作爲也。一切結社，當然以某種之善爲目的。一切善之最重要者，卽爲最重要結社之目的。最重要之結社，包含其他一切之結社，通常稱爲政治的結社，及國家。』所謂國家包含一切社會，其說爲儒教與亞理斯多德兩者之共通點。

儒教之社會，爲一大有機體。不僅此也，且其於今日地上所存在之一切社會中，寧以最近於有機體者爲理想。最近之社會學，否認社會之有機體。蓋社會上之個人，有獨立之人格，換言之，有獨立之目的，與彼有機體之細胞全吸收於有機體中，而於有機體之目的以外，毫無目的者，有所不同。儒教之社會，當然爲人格者之集團，同時要求各人格以國家之目的爲自己之目的，換言之，其理想在要求一切人格皆爲儒教國家之官吏也。

儒教之國家，最初爲一統一體（unity）。社會之一切部分，須協力謀國家單純目的之實現。

此目的，卽社會秩序及全體幸福，是也。各人之活動，不能行於此目的以外。各人之目的非私的，故其生活，有公共的意義。是則一切人格，皆爲國家之官吏。

有機體之構成，爲一大尖塔形，自其頂點至最下最低之層，一切個人，組成秩序整然之位階關係(hierarchy)。此種關係，建立於不平等之原理之上，表現爲命令與服從，保護與尊敬之關係。

此不平等之原理，置其基礎於一種玄學的觀念之上。易繫辭上傳曰：『天尊地卑，乾坤定矣，卑高以陳，貴賤位矣。』孟子對於萬有之差別觀，有如下之言曰；『夫物之不齊，物之情也。』（孟子，滕文公上）其謂不平等爲物之本質，此點與來布尼茲之單子論(monadology)同其觀念。荀子對於物之不平等觀，予以心理的說明。其言曰：『有天有地，而上下有差，明王始立，而處國有制。夫兩貴之不能相事，兩賤之不能相使，是天數也；勢位齊而欲惡同，物不能澹則必爭，爭則亂，亂則窮矣；先王惡其亂也，故制禮義以分之，使有貧富貴賤之等，足以相兼臨者，是養天下之本也。』（荀子，王制篇）依荀子之見解，人之地位與其欲望之平等，爲相爭之原因；故聖人制禮義，立上下之區別，組織不平等的社會，以絕其相爭之原因。易序卦曰：『夫有天地然後有萬物，有萬物然後有男女，有男女然後有夫婦，有夫婦然後有父子，有父子然後有君臣，有君臣然後有上下，有上下然後禮義有所錯，夫婦之道不可以不久也。』於以見中國人信萬有之不平等與其位階關係，而由斯原理組織其社會也。

欲依位階關係以組織社會，則於原理上，須視位階關係係屬正當者。人之對於他人，非無故而尊敬之，愛好之，焉能無故而服從之。著者以爲此可歸納於如下之三原理，曰：個人價值，年齡，出生是也。孟子曰：『天下有達尊三，爵一，齒一，德一；朝廷莫如爵（出生），鄉黨莫如齒（年齡），輔世長民莫如德（個人價值）』此之謂也。

（甲）第一原理，即個人價值，是乃最合理最普遍者。中國人自古嚴格準此原理，分配社會之地位。故史記曰：『非其人居其官，是謂亂天事。』（夏本紀）此堯舜政治所以爲政治之理想也。

（乙）年齡之合理性，比前者較減；可視爲一種特權，而於其自然的原始的形式之下，深有道理。蓋年齡爲一種特權，既非世襲的，則非不公平的。依亞理斯多德之言，所謂交互的特權（alterantive privilege）乃任何人一生能以一度享有者也。故此特權，合乎公平之原理。蓋年齡表示經驗，經驗則值得人之尊敬。中國人之尊尚年齒，不足怪也。

（丙）出生亦視爲位階關係之原理，似非合理的。然中國人之社會，子孫與先祖共同有其責任，而形成一種連帶關係。有價値之人，其子孫之受人尊敬，自屬當然。孟子曰：『用下敬上謂之貴貴，用上敬下謂之尊賢，貴貴尊賢，其義一也。』（孟子，萬章下）是則所謂貴，畢竟指世襲的高貴之人而言。

以上三原理，其中個人價値與出生，定政府之階級，年齡則支配家族之秩序。

儒教之社會若係依不平等之原理而組織，則位階關係，自彼等視之，爲最自然的，最堅固的。欲此種關係免於攪亂，必有一條件，即在下者必服從在上者，是也。此與來布尼茲之單子原理相似。蓋儒教以爲：此服從之原理，不僅能支配社會，且能支配萬有。此種見解，與來氏之單子論相同。易彖上傳曰：『天地以順動，故日月不過，四時不忒，聖人以順動，則刑罰淸而民服。』所謂順者，即言上下有別，因而有服從之義，故儒教之聖人，對於如何服民，煞費苦心。其言曰：『舉直錯諸枉則民服。』（論語，爲政）『上好義則民不敢不服。』（論語，子路）『上好禮則民易使也。』（論語，憲問）『君子學道則愛人，小人學道則易使也。』（論語，陽貨）凡此，皆言上下學道，然後命令服從之關係，得以圓滿行之。至言其理想，則以絕對服從爲必要。故孔子云：『民可使由之，不可使知之。』（論語，泰伯）孟子所謂「以德服人者，中心悅而誠服也」之說，則言惟有德之君主，足以引起人民之尊敬，惟基於此種尊敬，始能眞誠服從也。

第二節　儒教社會之三單位

儒教之社會，爲三單位之結合，個人、家族、國家是也。（所謂天下，似在國之上，然係世界的帝國而統一封建國家者，著者玆稱之爲國家，至封建國家——國——，則略而不說。）個人不直接與國家結合，惟由家族居間結合之。一切個人，須與國家同時屬於家族。三者之關係，極爲特殊的。大學曰：『古之欲明明德於天下者，先治其國，欲治其國者，先齊其家，欲齊其家者，先修其身，欲修其身者，先正其心。』又曰：『心正而後身修，身修而後家齊，家齊而後國治，國治而後天下平，自天子以至於庶人，壹是皆以身修爲本，其本亂而末治者，否矣。」

厄基狄斯（Egidius）亦有與此相同之見解，以爲有三種政治，卽自己之政治，家族之政治，國家之政治，是也。此三種政治，受同一原理所支配。若個人之身不修，則家族不齊，國家不治，於是天下失其秩序。故個人與家族爲國家之要素，而與國家之秩序相協調。此種調和，依同一之原理而實現。管子曰：『道之所言者一也，而用之者異；有聞道而好爲一家者，一家之人也；有聞道而好爲鄉者，一鄉之人也；有聞道而好爲國者，一國之人也；有聞道而好爲天下者，天下之人也；有聞道而好定萬物者，天下之配也。』（管子上形勢）蓋謂同一原理能治三政府，若能完全治己，則能完全治家族國家，自不待言；而道德與政治，換言之，修身齊家治國，皆基於同一原理。斯三者，受同一原理所支配；欲深研究之，則於國家之構成要素（個人、家族、國家）有分別考察檢討其本質之必要。

（甲）個人

儒教之理想，以社會爲有機體。若社會爲有機體，則個人既係構成要素，須有構成社會之本能。恰如細胞構成生物有機體，須有其構成上所必要之本能。伯倫智（Bluntchli）所以倡道社會有機體說，主張「有機體的國家本能」者，蓋由於此。

如第二章所述，儒教之天爲萬有之君主，人類爲其人民。故中庸云：『天命之謂性，率性之謂道，修道之謂教。』其所謂性，卽人類之自然性，依天（卽萬有之君主）之命令而成立，故當然爲政治的。儒教之個人有社會的本能，而其社會的本能含有政治的性質。對此社會的本能加以心理的分析，以說明人類理性之內容者，孟子也。

孟子謂人有仁義禮智四本能，而稱之爲四端，謂：『惻隱之心，仁之端也，羞惡之心，義之端也，辭讓之心，禮之端也，是非之心，智之端也。』（孟子，公孫丑上）蓋言憐憫之心爲仁之始，羞惡之心爲正義觀念之始，恭敬之心爲禮之始，善惡之判斷爲智之始。是則仁義禮智，置其基於人之本能，而爲人之社會性之構成原理。來布尼茲謂人類之社會性有成立自然社會之本能，欲使之發達成爲理性，則有組織國家之必要。畢竟孟子所謂仁義禮智，其精神爲政治的理性之內容，與來布尼茲所謂國家組織而後發生之理性相同。

仁卽愛他，爲儒教之重要原理，與基督教之愛相當。然其愛出於正義觀念，非如基督教之愛一切人如隣人而無等差也。故愛之形態，依愛者與被愛者之不同地位而生種種差別。君愛民謂之仁，義，臣愛君則謂之忠；親愛子謂之慈，子愛親則謂之孝。

義卽正義之感情，爲人類性所備之第二原理。由此原理，足以解明個人間之特種關係，並決定與此關係相當之義務。故可稱之爲義務之感情。蓋正義對於人類，提出種種義務；義務之客觀性爲正義，正義之主觀性則爲義務。要之，義務與正義之二觀念，僅係所謂道之兩面。所謂道，於社會上表現爲法律道德之種種法則。此法則之全體，抽象的言之，則爲正義。正義所實現之具體的狀態，稱爲秩序。來布尼茲謂：『正義建立政治的秩序。』故正義之感情，於社會秩序之保持上，實爲必要；其性質根本爲政治的。

人類社會性之原理，爲禮（卽敬）之感情。孟子以恭敬及辭讓之感情爲禮之始。中國人之所謂禮，通常指儀式及制度而言；故道德之原理，僅屬尊敬之感情。曾子曰：『禮者敬而已矣。』（孝經，廣要道）據著者之見解，尊敬之感情，仍儒教之本質而爲儒教體系之中心。論語爲政篇曰：

『子游問孝，子曰：今之孝者是謂能養，至於犬馬皆能有養，不敬何以別乎？』蓋言孝之表現在乎敬也。孟子曰：『下以舜之所以事堯事君，不敬其君者也。』（孟子，離婁上）蓋言忠之表現在乎敬也。所謂敬，原屬下對上之感情，然於平等關係上，敬字亦甚重要。孔子曰：『晏平仲善與人交，久而敬之。』（論語，公冶長）不僅平等關係爲然，即上之對下，亦不可不敬。故孟子曰：『是故賢君必恭儉禮下。』（孟子，滕文公上）要之，儒教以階級道德教人，其以敬爲根本原理，自屬當然。

智亦基於人之本能。然智之本能，有所等差；依其等差而學道，故有難易。孔子曰：『生而知之者上也，學而知之者次也，困而學之又其次也，困而不學民斯爲下矣。』（論語，季氏）所謂知，乃學道之所必要者，不知而行，蓋困難也；故知爲聖人之資格之一。

要之，仁義禮智四原理，經漢代董仲舒加以「信」之原理，稱爲五常。此仁義禮智，乃造成個人之社會性者；若社會中之個人，由此四原理所支配，則爲一種階級的社會。是即政治的社會。故儒教個人之自然性，能命令，亦能服從也。

（乙）家族

家族爲社會之第二構成要素，亦復與個人受同一原理之支配。蓋儒教之家族，根本爲政治的。換言之，家族爲國家之機關，而非如今日歐洲之思想，認爲純粹的個人生活之根據。齊景公問政於孔子，孔子對曰：『君君，臣臣，父父，子子。』蓋言父子在家族上之義務，爲政治之本，要卽政治上之義務。朱子謂：『治家無私法。』又謂：『父子之愛，本是公。』（近思錄）殆卽此意。『或謂孔子曰：子奚爲政？孔子對曰：書云孝乎，惟孝友於兄弟，施於有政，是亦爲政，奚其爲爲政？』（論語，爲政）蓋言對親盡孝，卽盡家族之義務，與爲政相同也。故儒教有孝子必爲忠臣之信仰。孝經，士章云：『以孝仕君則忠，』此之謂也。易，家人，彖曰：『家人，女正位乎內，男正位乎外，男女正，天下之大義也；家人有嚴君焉，父母之謂也；父父，子子，兄兄，弟弟，夫夫，婦婦，而家道正，家正而天下定矣。』是蓋言家政與國政基於同一原理也。

然則何以謂治家卽所以治國，孝親卽所以忠君？要因儒教之社會組織，其位階關係以命令服從爲根本原理故也。有子曰：『其爲人也孝弟，而好犯上者，鮮矣，不好犯上，而好作亂者，未之有也，君子務本，本立而道生，孝弟也者，其爲仁之本歟？』（論語，學而）孝經，廣揚名篇曰：『君子之事親孝，故忠可移於君；事兄弟，故順可移於長；居家理，故治可移於官。」要之，對上服從，不問對於兄，對於父，對於君，莫不如是。能服從父兄者，卽能服從其君也。

家族爲國家之機關，其當然結果，家族中父兄對子弟所行之權力，乃國家之權力，而決非彼爲父兄者之權力。故子弟之服從父兄，乃服從國家，而非服從父兄之本身也。

家族與國家有如此之關係，故中國人以家族爲國家之起原。所謂「有夫婦然後有父子，有父子然後有君臣」之說，是也。柏拉圖，亞理斯多德，波當(Bodin)，格老秀斯(Grotius)，溥分道富(Puffendorf)，來布尼茲諸人之思想，皆係如是；而來氏以結婚爲社會構成之第一要素，尤與易序卦傳之思想一致。

家族爲國家之機關，其機能如何？其構成員中爲父者所行之職務爲何？曰：教育是也。蓋家族非僅確保其構成員之安全，爲其慰安之所而已，抑且爲國家之教化機關（學校）也。各個人於此學校對於國家之機能，皆有貢獻之能力。此所謂能力，卽道德是也。要之，家庭之生活，卽爲公共的生活，其構成員之關係，卽爲公共的關係。故在東方，一切爲禮所支配，訓練之施行，視諸慈愛爲遙多，此亦無足怪者。蓋儒教之家庭，常以意志之緊張爲必要，西洋之家庭，僅爲慰安休息之所，兩者固不同也。故歐洲之家庭，在於幸福，東方則在於秩序也。

家庭卽爲學校，長者對幼者，教之以德，故須自身實行其德。蓋道德之實行，卽所以致用於其國家也。大學云：『宜兄宜弟，而后可以教國人。（中略）其爲父子兄弟足法，而后民法之也。』此言：家族中人各盡其道德的職分，卽爲國家之官吏。是與何爾巴哈（Holbach）所謂家族之官吏相當。要之，儒教之個人、家族、國家三者，依同一原理所支配，其間有完全之調和。遠稽羅馬，家族與國家之間，對於權力的管轄問題常有爭論。試以之與儒教相較，則可知儒教之國家以社會的秩序爲目的，其組織洵巧妙矣。

（丙）國家

儒教之國家，爲一有機體，其構成員，各以治平天下之同一目的而協力。欲實現此目的，先須置各員於適當地位。此地位之分配，卽亞理斯多德所謂分配的公正之實現，而爲最重要之條件。故聖人（卽儒教之政治家）對於此點，最爲用心。關於君主之選擇，其實現分配的公正，於堯舜見之；前已論述，茲不再贅。近思錄云：『伊尹顏淵，大賢也；伊尹恥其君非堯舜，一夫不得其所，如撻於市。』故儒教之理想，在於適人置於適所。尙書云：『知人則哲，能官人。』孔子云：『不患人之不己知，患不知人也。』（論語，爲政）孟子曰：『堯以不得舜爲己憂，舜以不得禹皐陶爲己憂。』（孟子，滕文公上）凡此，皆言爲天下求人材，乃君主之重大事業。相傳『周公一沐三握髮，一飯三吐哺，起以待士，猶恐失天下之賢人。』（史記，魯周公世家）周文王禮下賢者，日中不暇食以待士。（史記，周本紀）可見其欲求賢能於天下，授以適當地位，適人置於適所，使儒教之位階關係成爲合理的。要之，儒教之國家，乃一大尖塔形；此尖塔之各層，悉依人類之價値，使上下各得其適當之地位，此其理想也。尙書大禹謨云：『君子在野，小人在位，民棄不保，天降之咎。』此言分配的公正之實現，應視爲重要也。

儒教之社會，自其尖塔之頂點至最下層之階級，悉依一大原理所謂國權者，而一以貫之，蓋一位階關係的社會也。其社會中之各員，各盡個人之義務，官吏效忠，君主修德，皆致力以謀社會之秩序。其全體構成員，爲同一目的而生，爲同一目的而活動，故全體爲一有機體。大學所謂修身齊家治國平天下之關係，基於此原理。尙書云：『同心同德。』管子君臣篇云：『天子出令於天下，諸侯受令於天子，大夫受令於君，子受令於父母，下聽其上，弟聽其兄，此至順矣：（中略）此先王之所以一民心也。』要皆此義也。蓋儒教之一切個人，皆須依同一理想，以協力於社會之調和，而最忌個性之駁雜，與夫個人目的之相異。故其對於理想之統一，謂之一德。伊尹嘗諫其君，而成尙書之「咸有一德」一篇。其中有言曰：『非天私我有商，惟天佑於一德；非商求於下民，惟民歸於一德。德惟一，動罔不吉；德二三，動罔不凶。』故儒教嚴禁政黨。孔子曰：『君子矜而不爭，羣而不黨。』（論語，衞靈公）又曰：『天下有道，則庶人不議。』（論語，季氏）其主張，蓋在於理想之一致也。孟子曰：『位卑而言高，罪也。』（孟子，萬章下）亦卽此義。程伊川曰：『公則一，私則萬殊，人心不同如面，只是私心。』（近思錄，道體類）蓋言議政治者，必出於私心也。要之，歐美人之所謂個性，悉不免於私；以國家之意志爲各自之意志者，儒教之理想也。國家之目的以外，不許有個人之目的，故達到「個人爲細胞，國家爲有機體」之結論。

第三節　儒教之社會連帶主義

儒教之社會，爲位階關係，爲階級組織；其結果，當然上下之階級，常爲命令服從之關係。然此惟自一方面見之，若論上下兩階級須各盡義務，則於此點，爲義務本位之關係。孔子所謂「君君臣臣父父子子」者，是也。不僅下對上須盡義務，卽上對下亦須盡義務。是則所謂義務，在儒教社會中，爲支配各構成員之普遍的原理。在此意義上，各人負擔社會的債務，則與社會連帶主義之社會觀相同。故儒教常主謙讓，而有「責己也周，責人也薄」之理想。孟子曰：『人病舍其田而芸人之田，所求於人者重，而所以自任者輕。』（孟子，盡心下）蓋言不責己而責人者之不當也。此與孔子所謂「不患人之不己知，患不知人也」（論語爲政）之義相同。要之，儒教在於各人忠實盡其義務，而不在於要求他人盡義務；蓋不以主張權利爲其要義也。

儒教以義務爲本位，故上下應平等盡其義務。因位階關係之當然結果，下對上所盡之義務，似較諸上對下所盡之義務爲重。然此爲皮相之見解。其實儒教之傳統，自古以在上者之義務，重於在下者之義務也。如尙書所載，君主對人民之義務，非常重大；若君主不盡其義務，則遭殺戮，而他人奪其位，不爲篡奪。（參照第六章）尙書泰誓曰：『撫我則后，虐我則讐，獨夫受（指殷之紂王）洪惟作威，乃汝世讐。』孟子亦筆誅之曰：『賊仁者謂之賊，賊義者謂之殘，殘賊之人，謂之一夫；聞誅一夫紂矣，未聞弑君也。』（孟子，梁惠王下）是以自古君主非常努力於修德，以謀人民之幸福也。

故儒教之君，縱爲天之代表者，然決不容以驕傲之態度對下，故其對下亦不可不敬。易云：『以貴下賤，大得民也。』孝經云：『昔者明王之以孝治天下也，不敢遺小國之臣，而況於公侯伯子男乎？故得萬國之懽心，以事其先王；治國者不敢侮於鰥寡，而況於士民乎？故得百姓之懽心，以事其先君。』君主對下亦須執禮。孔子曰：『「上不好禮，則民不敬」，「上好禮，則民易使」。』孟子曰：『仁者愛人，有禮者敬人；愛人者人恆愛之，敬人者人恆敬之。』君主對於賢者，尤有禮敬之必要。孟子嘗舉子思語繆公之言曰：『以德，則子事我者也，奚可以與我友。』（孟子，萬章下）尙書仲虺之誥云：『佑賢輔德，顯忠遂良，（中略）邦乃其昌。』此之謂也。

若言其理想，則上憐下，下尊上，以互盡其愛敬爲必要。孝經紀孝行云：『事親者居上不驕，居下不亂。』中庸云：『在上位不凌下，在下位不援上。』又云：『居上不驕，居下不倍。』凡此，皆言上下應各盡其義務，而非徒求責對手方爲之也。

且其理想，以爲欲在下者盡其義務，先須在上者盡其義務。故孔子有言：『君君，臣臣，父父，子子。』（論語顏淵）管子亦嘗有言：『君不君則臣不臣，父不父則子不子。』（管子形勢篇）是皆最合人情之言。所求諸下者，對上實行則困難。孔子嘗言曰：『君子之道四，丘未能一焉：所求乎子，以事父未能也；所求乎臣，以事君未能也；所求乎弟，以事兄未能也；所求乎朋友，先施之未能也。』（中庸十三章）蓋謂在上者不能盡其義務，則在下者不能盡其對上之義務也。

試比較孔子與孟子之說，孔子對於在下者之義務，責備甚嚴，而對於在上者，責備較薄。孟子則與之相反，對於在上者之義務責備甚烈，而對於在下者之義務責備較輕。例如，孔子著春秋，對於當時不孝不忠之罪，嚴加貶責；故孟子有「孔子作春秋而亂臣賊子懼」之言。反之，孟子歷訪戰國時代之諸侯，常指摘其暹野心而動干戈，陷人民於塗炭。蓋孔子注力於道德論，孟子則注力於政治論。然孟子之說較諸孔子，尤能嚴格主張尚書中君主之義務也。

孟子周遊天下說當時之諸侯，其言論之方法常屬一致；輒謂君先盡其義務，然後民亦必盡其義務，君先愛民，然後民亦必愛君；若違反此定理，君不盡其義務，則民亦不盡義務，君不愛民，則民亦不愛君。且進一步言，君若虐民，則民必視君爲仇敵，而君失其位也。

樂民之樂者，民亦樂其樂，憂民之憂者，民亦憂其憂；此爲孟子之口頭禪。蓋謂君與民共苦樂，民亦與君共苦樂也。君愛民，則民愛君，如響斯應，如影隨形。孟子告齊宣王曰：『君之視臣如手足，則臣視君如腹心，君之視臣如犬馬，則臣視君如國人，君之視臣如土芥，則臣視君如寇讎。』（孟子，離婁）此言民之對君，其同情程度，一如君之對民也。齊宣王問孟子：文王之囿方七十里，民不以爲大，寡人之囿方四十里，民猶以爲大，何也？孟子對曰：『文王之囿，方七十里，芻蕘者往焉，雉兎者往焉，與民同之，民以爲小，不亦宜乎？臣始至於境，問國之大禁，然後敢入；臣聞郊關之內，有囿方四十里，殺其麋鹿者，如殺人之罪，則是方四十里爲阱於國中，民以爲大，不亦宜乎？』（孟子，梁惠王）

孟子以如此論理，說當時之君主，謂以仁義臨天下，則能不勞一兵一卒，而一統天下。故曰：『仁人無敵於天下，』（孟子，盡心下）梁襄王問曰「天下惡乎定？」孟子對曰：「定於一。」又問曰：「孰能一之？」對曰「不嗜殺人者能一之。」（孟子，梁惠王上）就此問答，可見君愛民，則其結果民亦愛君；國力成於是，秩序基於是。

要之，彼以儒教爲單純的專制主義者，實屬皮相之見解；明達之見解，則以君主之德，爲政治之本，而此思想之基礎，含有社會連帶主義之原理，卽在上者先盡其義務，在下者亦盡其義務也。惟此爲上下階級有別之連帶關係，與今日平等社會中之連帶關係不同。

著者以爲：西洋有階級鬬爭，遂發生社會主義，攪亂社會的和平；何以東方能由階級之調和支配數千年之文化，毫無階級鬬爭與社會主義之痕跡？西洋歷史，如馬克思（Marx）所言，「人類從來之歷史，皆爲階級鬬爭之歷史；」何以東方歷史爲階級協調之歷史？蓋西洋方面，上層階級與下層階級皆主張權利，除利己外別無他事，反之，東方則上下各以義務爲重，而上層階級之義務，尤較下層階級爲重；東西文明之差別，其祕密卽在於此。

在西洋歷史上，每當社會發生革命之危機，無不欲避免之；從事於改革時弊者，常唱道社會上層階級之義務，以爲惟上層階級願意犧牲，始能避免革命。迨此等改革事業失敗，不能使上層階級願意犧牲，終有革命之發生。

法國革命發生以前，在十八世紀時，關於社會之情弊，法德兩國無特別不同之處。堵哥（Turgot）因法國貴族過於暴虐，唱道改革，而不幸歸於失敗，遂致發生革命。反之，德國腓特烈大王及其他啓蒙專制主義者，從事於改革事業，皆見效果，革命遂因而中止。所謂啓蒙專制主義，要即與儒教相同，而唱道君主之義務者也。福爾特耳（Voltaire）云：『在今日所必要者，不在於路德（Luther）與喀爾文（Calvin）時代之革命，乃在於爲政者精神內之革命。』旨哉斯言，扼救濟策之要點矣。

現代社會革命之威脅，所以支配世界者，由於資本主義上層階級之利己主義肇其因。故其救濟策，亦在於資本階級能以犧牲自己而克盡其義務。由法國革命而發生之社會連帶主義，其精神即在於此；故其主張，最切中今日之時弊。

其唱道上流階級之義務，即與儒教社會連帶主義相同。捨此以外，欲消弭今日革命主義之威脅，別無救世之良劑。東方文明之義務心，與西洋文明之權利主義，利己主義相反，而其主張上層階級之犧牲，尤爲特點，且含有世界主義之傾向。儒教之研究，所以在歐戰後復盛行於西洋者，良由於此。